U0623599

教育部高等学校工商管理教学指导委员会旅游会展专业组 推荐教材

会展服务项目教程

总主编 马 勇　主 编 杨 林 张跃西

重庆大学出版社

内 容 提 要

本书是会展专业或相关专业会展方向的入门课程教材。本书由九个项目组成,主要内容包括会展服务通用流程与规范、展位销售服务、外联服务、客服部服务、会议服务、展会现场服务、会展物流服务、展馆服务、保安服务等。

本书以会展服务流程为线索,选取其中具有代表性的服务环节展开叙述和分析,力图使本书具有较强的包容性、广泛性;结合项目化课程推进要求,以会展服务特殊的项目性、精细性、经济性视角对各类会展服务活动进行阐述;学习吸取会展服务相关教材的优点,结合目前会展教育实际,努力将会展服务的实践与理论融为一体,突出实用性、应用性。

本书适用于高等职业教育各类院校会展策划与管理专业及其他相关专业,如旅游管理、酒店管理、市场营销、电子商务等专业的会展基础理论课教学,也可供五年制高职、中职学生使用,并可作为会展从业人士的培训教材和业务参考书。

图书在版编目(CIP)数据

会展服务项目教程/杨林,张跃西主编.—重庆:重庆
大学出版社,2012.7(2021.1 重印)
全国高职高专会展策划与管理专业系列教材
ISBN 978-7-5624-6559-1

Ⅰ.①会… Ⅱ.①杨…②张… Ⅲ.①展览会—商业服务—高
等职业教育—教材 Ⅳ.①G245

中国版本图书馆 CIP 数据核字(2012)第 016361 号

全国高职高专会展策划与管理专业系列教材
会展服务项目教程
杨 林 张跃西 主 编
责任编辑:范 莹 版式设计:范 莹
责任校对:邬小梅 责任印制:张 策

*

重庆大学出版社出版发行
出版人:饶帮华
社址:重庆市沙坪坝区大学城西路 21 号
邮编:401331
电话:(023)88617190 88617185(中小学)
传真:(023)88617186 88617166
网址:http://www.cqup.com.cn
邮箱:fxk@cqup.com.cn(营销中心)
全国新华书店经销
POD:重庆新生代彩印技术有限公司

*

开本:787mm×960mm 1/16 印张:15.25 字数:266 千
2012 年 7 月第 1 版 2021 年 1 月第 3 次印刷
ISBN 978-7-5624-6559-1 定价:49.00 元

编委会

总　序

　　进入 21 世纪以来,随着中国社会经济的飞速发展,综合国力的不断增强,国际贸易发展的风驰电掣,会展经济随之迅速成为中国经济的新亮点,在中国经济舞台上扮演着越来越重要的角色,正逐渐步入产业升级的关键历史时期。这一历史时期,会展业能够快速发展的关键是需要大量的优秀专业人才做支撑。据上海世博局预测,到 2010 年,上海世博会对会展人才的需求将达 10 万人。为了适应国内对会展人才需求的日益增长,我国各类高校纷纷开办了会展专业。据不完全统计,截至 2007 年 4 月,在全国范围内(包含港澳台)开设会展专业和专业方向的学校(包括本科、高职高专院校)有 80 多所,开设会展方面课程的学校已经达到 100 余所,这在一定程度上缓解了我国会展人才紧缺的现状。但是由于我国会展教育起步时间较晚,在课程体系设计、教材建设和师资队伍建设等方面缺乏经验,培养出来的学生在知识结构、职业素养和综合能力等方面往往落后于市场的需求。尤其是目前国内会展教材零散、低层次重复并且缺乏系统性的现状非常明显,很大程度上制约了我国会展教育和会展业的发展。因此,推出一套权威科学、系统完善、切合实用的全国会展专业系列教材势在必行。

　　中国的会展教育开办还不到 10 年,但我国的会展教育经过分化发展,已经形成了学科体系的基本雏形。如今,会展专业已经形成中等职业教育、高职高专、普通本科和研究生教育这样完整的教育层次体系,这展示了会展教育发展的历程和成果,同时也提出了学科建设中的一些迫切需要解决和面对的问题。其中最重要的一点,就是如何在不同教育层次和不同的教育类型上对会展教育目标和教育模式进行准确定位。为此,重庆大学出版社策划组织了国内众多知名高等旅游院校的著名会展专家、教授、学科带头人和一线骨干教师参与编写了这套全国高职高专会展策划与管理专业系列教材,以适应中国会展业人才培养的需要。本套教材的编写出版旨在进一步完善全国会展专业的高等教育体系,总结中国会展产业发展的理论成果和实践经验,推进中国会展专业的理论发展和学科建设,并希望有助于提高中国现代会展从业人员的专业素养和理论功底。

本套教材定位于会展产业发展人才需求数量最多最广的高职高专教育层次,是在对会展职业教育的人才规格、培养目标、教育特色等方面的把握和对会展职业教育与普通本科教育的区别理解以及对发达国家会展职业教育的借鉴基础上编写而成的。另外,重庆大学出版社推出的这套全国高职高专会展策划与管理专业系列教材,其意义将不仅仅局限在高职高专教学过程本身,而且还会产生巨大的牵动和示范效应,将对高职高专会展策划与管理专业的健康发展产生积极的推动作用。

在编写这套教材的过程中,我们力求系统、完整、准确地介绍会展策划与管理专业的基本理论和知识,围绕培养目标,通过理论与实际相结合,构建会展应用型高职高专系列教材特色。本套教材的内容,有知识新、结构新、重应用等特点。教材内容的要求可以概括为:"精、新、广、用"。"精"是指在融会贯通教学内容的基础上,挑选出最基本的内容、方法及典型应用;"新"指尽可能地将当前国内外会展产业发展的前沿理论和热点、焦点问题收纳进来以适应会展业的发展需要;"广"是指在保持基本内容的基础上,处理好与相邻及交叉学科的关系;"用"是指注重理论与实际融会贯通,突出职业教育实用型人才的培养定位。

本套教材的编写出版是在教育部高等学校工商管理类学科专业教学指导委员会旅游会展专业组的大力支持和具体指导下,由中国会展教育的开创者和著名学者、国内会展旅游教育界为数仅有的国家级教学成果奖获得者和国家级精品课程负责人,教育部高等学校工商管理类学科专业教指委旅游会展专业组负责人、中国会展经济研究会副会长和教育部高等学校高职高专旅游管理类专业教指委委员、湖北大学马勇教授担任总主编。参与这套教材编写的作者主要来自于湖北大学、上海师范大学、上海工程技术大学、厦门国际会展职业学院、浙江旅游职业技术学院、深圳职业技术学院、重庆师范大学、武汉职业技术学院、湖北经济学院、湖北职业技术学院、上海第二工业大学、上海新侨职业技术学院、上海工艺美术学院、福建商业高等专科学校、桂林旅游高等专科学校、南宁职业技术学院、广西国际商务职业技术学院、金华职业技术学院、江西旅游商贸职业学院、北京城市学院、昆明冶金高等专科学校、昆明学院、山东淄博职业技术学院、沈阳职业技术学院等全国40多所知名高校。在教材的编写过程中,重庆大学出版社还邀请了全国会展教育界、政府管理界、企业界的知名教授、专家学者和企业高管进行了严格的审定,借此机会再次对支持和参与本套教材编、审工作的专家、学者和业界朋友表示衷心的感谢。

本套教材第一批将于 2007 年 7 月后陆续出版发行 21 本,其中包括《会展概论》《会展实务》《会展场馆经营与管理》《会展心理》《会展项目组织与策划》《会展旅游》《大型活动策划与管理》《展览服务与管理》《会展典型案例精析》等。这套书中,部分被列选为国资委职业技能鉴定和推广中心全国“会展管理师”培训与认证的唯一指定教材。本套教材的作者队伍学历层次高,绝大部分具有博士或硕士学位以及教授、副教授职称,涉及的领域多,包括了经济学、管理学、工程学等多方面的专家,参与编写的业界人士,不仅长期工作在会展领域的最前线,而且是业界精英。另外,作为国内高校第一套全国高职高专会展策划与管理专业系列教材,教材内容和教材体系是动态开放的,随着会展业的发展,以确保教材的先进性和科学性,在 2~3 年后将对第一批部分教材进行修订再版,同时正计划开发第二批系列教材,也欢迎您的积极参与!

尽管作者和编委会本着认真负责的态度,尽到了最大努力来编写出版本套教材,但是由于会展业涉及面广,加之编写时间紧等多方面原因,本套系列教材的不足和错漏之处在所难免。因此,恳请广大读者和专家批评指正,以便我们不断完善。最后,我们期待这套全国高职高专会展策划与管理专业系列教材能够得到广大师生的欢迎和使用,能够在会展教育方面,特别是在高职高专教育层次的人才培养上起到积极的促进作用,共同为我国会展业的发展作出贡献。

全国高职高专会展策划与管理专业系列教材

编委会

2007 年 5 月

前　言

当前,经济全球化和一体化的趋势不断加强,新技术革命方兴未艾,国际产业从制造业向服务业,特别是向现代服务业转移的态势日趋明显,服务业比重日趋增大是产业结构高级化的客观趋势,中国加入 WTO 10 年来,以金融、保险、电信、旅游、教育等服务领域为重点的新一轮开放,对服务业的发展带来深刻而全面的影响,服务业的市场化和国际化带来的竞争压力也越来越大,服务性企业能否在日趋激烈的服务市场中生存发展,主要取决于其是否具备准确迅速地满足顾客需求的能力。

作为服务业的重要组成部分,会展业涵盖领域广,涉及行业多,与其他产业具有互动共赢效应,通过举办各种会展,可加快人流、物流、资金流和信息流的聚集,对繁荣市场、活跃流通、拉动消费具有积极的促进作用。中国经济发展处在新的起点,作为服务贸易领域的中国会展业,也将全面参与国际竞争,会展企业有必要提高满足服务需求的能力,高质量、低成本、快速高效地对应不同顾客的不同需求,以获得持久性竞争优势。而从近年来的会展专业教学实践看,会展类实用型教材仍比较缺乏,结合项目化、工作化的课程教材较少,本书正是为此而编写的。

本书在编写中尽量做到:

编写体例新颖活泼。学习和借鉴优秀教材特别是国外精品教材的写作思路、写作方法以及章节安排,摒弃传统教材知识点设置按部就班、理论讲解枯燥无味的弊端;学习和借鉴人文学科教材的写作模式,风格清新活泼。

以学生为本、以相关课程的学习特点为本。基于工作过程式的教学是职业教育的基本要求,因此在编写教材时要以此为中心,要考虑就业市场的发展变化并反映到教材中。努力站在学生的角度思考问题,考虑学生看到教材的感受,考虑学生学习的动力在什么地方,让学生多参与,让学生在听讲的同时,还要动手、动脑。

    教材内容敢于更新。将最新的知识、最新的版本应用写到教材中。教材中用到的示意图、实物图、实景图、流程图、视频、表格、习题等要注重创新性。

    强化项目驱动(案例化)式教学。在教学过程中有机融入最新的实例以及操作性较强的案例,并对实例进行有效的分析。

    本书由浙江外国语学院张跃西教授、金华职业技术学院杨林副教授主编,项目1由金华职业技术学院郑仕华执笔,项目2由金华职业技术学院郑伟俊执笔,项目3由金华职业技术学院王蕊执笔,项目4由金华职业技术学院金娜执笔,项目5由金华职业技术学院胡秋皓执笔,项目6、项目7由金华职业技术学院杨林执笔,项目8由金华职业技术学院祝涵洁执笔,项目9由金华职业技术学院孟玲执笔。张跃西、杨林对全书内容进行了调整补充。

    特别需要说明的是,由于我国会展服务理论与实践研究还处于初级阶段,主要内容还依托酒店服务相关基础,特色不鲜明。因此,编者在编写过程中也参考了许多专家的观点和理论,虽在参考文献中尽量详尽地列出,但或有遗漏,在此表示歉意,并特此表示感谢。

    本书在编写过程中虽力求完善,反复斟酌,但因作者水平有限,缺点和错误在所难免,欢迎各位专家及会展业内人士提出宝贵意见,以便改进。

编 者
2011 年 6 月

目 录 CONTENTS

0 导　言

【任务目标】

1. 掌握会展服务供应链的基本构成；
2. 了解会展服务的基本内容。

会展业是世界上一个非常巨大的产业,根据国际展览业权威组织估算,国际展览业的产值约占全世界各国 GDP 总和的 1%,如果加上相关行业从展览中的获益,展览业对全球经济的贡献则达到 8% 的水平。会展经济开始成为中国经济的新亮点。中国目前已有大中型展览场馆 150 多座,室内展览面积超过了300 万平方米。就展览项目数而言,中国仅落后于全球第一的美国,展览场馆数量则居世界第三,排在美国和英国之后,正在迈入世界会展大国的行列。

0.1 会展服务供应链

在会展服务供应链中,会展主(承)办企业构成会展服务供应链的核心企业,展馆企业、会展服务企业、周边配套服务企业、政府及相关管理部门构成上游环节,参展企业(部门)和观众构成下游环节。

0.1.1 上游环节

上游环节中的展馆企业是指以一定规模的展览场地,包括室内、室外展览区为依托,具有为国际会展活动提供配套服务的功能,并配置规范服务和管理的专业人员的单位。会展服务企业是指协助会展主(承)办企业实施会展项目,为参展商提供各类服务的单位。

在会展服务供应链中,会展服务企业可以是展台设计、展台搭建、展具租赁、展品运输、广告印刷、安保清洁、法律咨询等各行各业组成。周边配套服务企业是指为会展活动的顺利举办提供配套设施,为参展商和观众提供各类服务的单位。在会展服务供应链中,周边配套服务企业所提供的服务主要涉及交通、餐饮、酒店、旅游、通信、金融、零售等行业。政府及相关管理部门是指参与制定扶持会展业发展的有关政策,负责对会展业进行管理的有关政府部门或机构核心企业。

在会展服务供应链中,核心企业是合作伙伴关系中的管理者,多由会展主(承)办企业充当。会展主办企业是指具有国家主管部门批准的,有报批会展项目资质的单位。会展承办企业是指虽没有报批会展项目资质,但同主办单位一样具有招展招商能力和举办会展的民事责任承担能力,设有专门从事会展活动的部门,有相应的会展专业人员,并具有完善的办展办会规章制度的单位。值得说明的是,有时核心企业也可以由节点企业中的展馆企业来充当,这时的展馆企业往往同时具有会展主(承)办企业的功能,这需要依据具体的会展服务供应链的核心优势来确定。

0.1.2 下游环节

链状结构中的下游环节是指会展活动的客户,即参展企业(部门)和观众。由于会展活动的典型表现形式是展览会,因此会展服务供应链的下游环节主要是参展企业(部门)和观众。

参展企业(部门)是指在展会上租赁展位并支付展位费,提供产品或服务参加展出以实现贸易洽谈、信息交流、宣传推广等目的的单位。观众可分为专业观众和普通观众。专业观众又称贸易观众,是指从事专业性展览会上所展示产品的设计、生产销售、服务的观众,以及目标参展商的潜在客户。普通观众是指除专业观众以外的其他观众。在会展服务供应链中,以服务流代表客户要求的产品,即核心企业通过策划、组织某个会展活动,使其满足客户需求。资金流是客户收到产品后,以某种方式支付产品,因资金的流动从而形成资金流。

从上述分析可以看出,在会展服务链中,供应链由传统的三流(物流、信息流、资金流)转变为服务流、信息流、资金流。在会展服务供应链的链状结构中,一方面,某个会展主(承)办企业作为核心企业与最杰出的上游环节企业建立战略合作关系,委托这些企业完成一部分会展服务工作,如展台设计、展台搭建、展具租赁、展品运输、交通餐饮、酒店旅游等,并从政府及相关管理部门争取更多有利于会展活动的扶持政策。而另一方面,核心企业则集中自身精力和各种资源,策划与组织会展活动,做好本企业能够创造特殊价值,比竞争对手更擅长的关键业务。

会展服务供应链通过核心企业对会展服务的提供者、会展业发展的扶持者等合作伙伴进行协调、控制与总调度,完成会展活动的策划、组织、营销、管理、评估的全过程,使其达到最佳运行状态,从而最大限度地满足参展企业(部门)与观众的需求。在会展服务业中,链状模型形式简单明了,链上的合作伙伴各自分工明确,有利于实现整体最优的目标。

0.2　会展服务的主要内容

0.2.1　展前服务

1)展前咨询

为国内中小企业提供关于世界各国不同行业的展会的详尽信息,针对不同企业推荐最适合的展会,获取最佳的经济效益,达到事半功倍的效果,避免参展商盲目参加展会。

2)展位预订

代为预订展位,同时还会为经常参展商的企业保留固定的展位,以便参展商的来访者顺利找到其展位,给多年来访的买家留下深刻的印象,起到树立参展商的地位和实力的作用,以便给参展商建立稳固的企业形象。

3)展位设计及搭建

从事各种展会的设计及搭建,经验丰富、专业高效、技艺精湛。根据国际流行趋势,针对展会情况及参展企业具体特点设计出符合该企业的、新颖独特的、引人注目并令人过目不忘的摊位装修,以达到宣传展示的最佳效果。

4)展品运输

为参展单位提供专业、便捷、价格合理的运输展品的服务,根据展品的种类、重量、体积和距离展出时间的长短来推荐最佳运输形式,以便达到帮客户节约经费,同时又要保证运输质量和时间。

5)签证辅导

为前往世界各国的参展商进行商务签证辅导,与各国在中国各地的大使馆和领事馆建立密切的关系。

6)机票预订

为客户提供到达会展目的地最佳的航线,豪华舒适的旅途生活,并且在航班座位紧张的情况下,优先保证参展商的航班位置。

7)酒店预订

与各旅行机构建立长期合作,代为预定舒适、豪华、价格合理的酒店。

8)境外行程安排

联系驻外机构,为赴外参展提供服务,并能让参展商体验到当地最地道的风土人情及饮食文化。

9)境外保险

按照国际先进的惯例,帮助客户在出境前办理好各种保险,提供安全的保障,让客户安心出行。

10)展前境外宣传

为顾客提供国内外专业广告及广告制作公司,提供专业分类的报刊、杂志等平面媒体和电视、电子媒体及各类相关媒体信息,并且为顾客提供最经济、有效的媒体宣传方式。让顾客在参展前就能在展览地打开知名度,预先联系更多的来访者及买家,有针对性地直接到参展商的展位上洽谈商务。

11)境外翻译推荐

为客户提供长期合作的专职翻译机构。为客户从事商务活动、产品介绍、旅游导购,并且还可以通过他们接触更多的商务信息和商业客户。

0.2.2 展中服务

1)展馆后勤服务

为让参展商在展会期间,将全部精力放在招揽买家,产品介绍及洽谈业务上,不让参展商被琐事干扰而影响主要工作,为参展商提供整个参展期间的后勤服务,以便参展商顺利并超额地完成展会的预期任务。参展商都希望能顺利地完成整个展会,并安全回到温暖的家,但有时会遇到一些意想不到的疏忽,如护照丢失、保险未办、突遇事故等。公司因有长期组织参展团的经验及教训,同时熟悉当地情况,会为参展商解决许多疏忽但又重要的问题。

2）商务活动安排

为参展商提供最适合的、最有效的商务活动，让参展商在出展期间参加一些与展会所在国新老客户面谈的活动，或者安排参加本行业的一些招待酒会、产品推介会。

0.2.3 展后服务

1）展后商务考察

展会结束，如果时间允许的话，参展商应该更多地了解展会所在地及附近的国家和地区的风土人情和经济、文化状况，以便与当地的客户建立更好的关系。企业会安排经济舒适的旅游线路，让参展商体验当地的生活。

2）申请中小企业等各种补贴

按照国家对于某些境外专业贸易性展会中参展的中小企业鼓励扶持政策，给予中小企业展会补贴。在符合政策的项目中，可以为参展企业申请中小企业补贴，以便为参展商向政府争取参展经费，同时节约参展企业的时间与人力资源。

3）展后回访

展会结束后，对参展商进行回访，与参展商一起评估参展效益，向参展商征求意见，以便日后提高服务质量。同时了解参展商的日后需求以便跟踪服务，形成紧密合作关系。

0.3 会展服务的价值

凡是取得成功的企业，都非常看重客户的想法和感受。因为人的需要不仅仅是物质上的拥有，每个人都有追求更高层次的满足感，都非常渴望受到重视，享受到尊敬、赞赏，都渴求得到优良的对待。能够左右事业成败的是客户，因此必须努力使自己的工作达到会展企业服务的境界。

好的服务只是比客户期待的多加一点点。在现实生活中，常常听到关于优质服务或好服务的说法,似乎要提供好服务,就要无条件地满足客户。其实不然,服务的好坏往往是相对于客户对服务的期待而言的。当客户得到的对待低于其期待时,就是坏的服务,当客户受到的对待超出其期待时,便是好的服务。当你提供的服务,比客户期望的多一点点时,客户便会给予你好感,你提供的就可以称为好的服务。好的服务是经济有效的服务,秘诀是在许多不用成本的事上做到最出色。"你提供的比客户期望的多一点点"是一个很浅显的道理,却包含极其奥妙的秘诀。最需要的是懂得看透客户,并以客户的眼光,看待自己的业务,看待客户与公司接触的每一个"真实瞬间"。

会展企业是综合服务性的窗口企业,每一名工作人员都要牢记:客户是我们最大的资产,客户只青睐他最受重视的,我们要成为客户心目中的最佳选择!

随着时代的发展,世界上众多企业从精益生产逐步发展到精细服务。会展业作为一个搭建贸易平台、促进交流互通的一个窗口性服务行业,同样需要精细服务。精细服务是指以精益求精的服务意识,努力创造一种个性化的、超过一般行业标准的服务方式,并求得较高的满意度和更好效果的一种服务艺术。精细服务是一种先进性、系统化的服务方式。会展企业精细服务是指会展企业员工针对客户不同情况,运用会展企业服务活动的规律及经验,通过细心的观察,心与心的沟通,注重每一个环节对客户精心细致的服务。

会展企业是为参展客户服务的单位,做好服务是每个员工的基本职责。为客户服务,在服务中教育好客户,是每个工作人员义不容辞的责任。

由于客户的家庭背景、社会背景、生活阅历的不同,他们对服务都会有不同的想法和打算。会展企业员工应对客户从细微处着眼,从服务的每一个环节入手,并强化每项细节,服务到位。通过对客户提供精心细致的服务,让客户充分利用资源,拓展视野,启迪智慧,为他们的企业业务拓展创造机会,并让他们感受到会展企业的贸易氛围和以"客户为中心"的服务宗旨,提高会展企业的服务质量,从而提高会展项目的品牌质量。

总之,会展企业承担着传播知识、传承文化,播撒文明、启迪智慧的作用。作为会展企业的工作人员,应以情服务,用心做事,时时想到客户需要的是什么,究竟什么样的服务能让他们满意,怎样做到精细化服务,并及时进行有针对性的服务,让服务更加卓越,以新的理念和方法来做好客户的服务工作,充分发挥客户的潜能,把精细服务打造成工作人员服务的亮点,进而打造成会展企业服务的亮点。

因此,服务一方只有主动采取服务行为,方能打开沟通僵局,让客户在自然轻松的情况下进入快乐的沟通状态。这就要求你必须善于主动发现和深入探究客户的需求,而不是等着让客户来找你诉说他们的需求,并要求你为他提供服务。

鼓励和倡导主动服务,并不意味着被动服务就没有存在的必要了。比如,客户找上门来或打电话给你,对工作提出他们的意见和建议等,这时候只好为客户提供被动服务了。提倡主动服务,也不意味着你一定要主动向客户推荐商品和替客户作出购买决定,而是主动接近客户,为客户营造良好的沟通气氛,通过建设性的沟通摸清客户的需求。

0.4　会展服务的工作重点

近年来,会展业在提高城市知名度,带动相关行业和内外贸发展,扩大城市就业等方面发挥了巨大作用。与其他服务业一样,会展业也存在行业伦理道德与追求利润之间的矛盾问题,而提供优质的产品和服务,赢得舆论的支持和公众的信任,让会展业实现两者兼得,其中的关键就是会展业服务伦理建设。

0.4.1　维护公众利益

会展业服务伦理的价值基础应建立在服务公众方便公众上,应突显公众利益。当前许多会展企业对服务仍缺乏明确的认识,对其基本原则和外化指标也缺乏清晰的了解,尚未完全形成整个会展业对服务伦理价值内在的认同感和归属感。会展企业采用的是经济化运作模式,追求利益最大化是其首要目标。有些企业在会展活动中,损害了其他企业和公众的利益,如扯虎皮当大旗,将中国挂在展会名称前,以示国家级;不能用中国,就用国务院某部委办或省级、市级等,以强化官办色彩。还有些企业举办的专业展会其实是一个大杂烩,号称有五六百家企业参加,实际参展的还不到一百家,而且是各行各业都有。这些会展企业的行为,背离了会展业的服务伦理观,缺乏以公众利益为前提的服务理念。会展业应树立正确的服务伦理观:一是做到公平和真实,引导会展企业把公众利益与企业利益高度统一作为最高宗旨;二是会展企业应塑造良好的形象,诚实守信、真诚服务,成为优质服务的标杆;三是培养会展企业员工的职业责任感,以公众本位和服务本位的理念,提高会展活动的效率和效益。

0.4.2　资源优化配置

会展业涉及的业务范围广,如市场调查、项目策划、申请报批、展馆租用、招展招商、现场服务等;涉及的领域多,如法律、商检、物流、设计、邮政、医疗、餐饮、住宿、交通、旅游等。由于这些不同部门都有不同的服务内容,因此应优化资源配置。而在目前的会展业中,一是组织资源配置不足,如未建立专门负责会展业的管理机构,会展业服务伦理、价值塑造、伦理立法及其具体运行缺乏统一的组织安排;二是技术资源配置不足,如电子信息、现代化办公、量化分析等技术的运用仍有限,会展业服务伦理规范的设计、执行和效果监测,缺乏相应的技术支持;三是学术资源配置不足,如对会展业服务伦理规范建设的价值内涵和目标体系,缺乏相应的理论支撑。优化资源配置,是会展业服务伦理建设顺利开展的必要保障。一是加强组织资源配置,充分整合各部门和各行业的职能和人力,负责会展业伦理规范建设的计划、组织、指挥、协调、控制及具体运行;二是加强技术资源配置,引进先进的管理信息系统,建立会展企业服务伦理信息库,采用数据分析、绩效评估和追踪决策等技术,准确把握会展业公共服务伦理的现状和趋势,建立长效反馈控制流程;加强对会展业服务伦理软实力研究,加大资金和物资投入,配备专门的财政经费。

0.4.3　完善监管和评估机制

对会展业服务伦理是否实现了规范化,是否建立了监管机制,都应进行评估。评估机制缺失将导致有关部门对会展业服务伦理情况既缺乏宏观上的了解,又缺乏微观上的监管。目前,对会展业的监管存在的问题:一是监管部门对会展企业违背服务伦理规范的行为,追究其责任不力;二是监管原则和标准不完善,对企业违背服务伦理的行为如何界定、问责处理模糊不清;三是在监管中,对会展企业哪些行为属于企业公民的基本道德,哪些行为属于经济主体的公共伦理,缺乏明确的界定。会展业监管部门针对不足之处,一是应立足于预防,进行事前控制,不断完善会展业服务伦理预警机制,根据反馈信息,加强追踪调查,及时把握会展企业服务伦理的执行情况,将其不道德的经营行为控制在萌芽状态;二是充分发挥监管部门的职能作用,整合司法、工商、新闻等部门的力量,各部门联动地进行监管问责,全面调查会展企业可能存在的有悖于服务伦理规范的情况,严肃处理其违反服务伦理规范的行为,受理并解决对会展企业违反服务伦理规范行为的投诉和检举;三是在深入推进会展业服务伦理建设中,建立会展业服务伦理规范的评估标准,从企业的利益与其他企业的关系、会展活动的行为、会展业的法律法规和规章制度等方面,对会展企业进行评估,如按照星级标准划分会展企业的级别,评估企业的会展服务绩效。

0.4.4　利用国际标准进行规范

首先,主办单位要树立服务观念,按照市场化、商业化、专业化的要求来进行服务运作。国外会展发达的国家都有一套成熟的会展服务运作模式,而我国展览业起步较晚,很多展览会都具有较浓的行政主导色彩,主办单位在客户面前往往是居高临下的指挥者而不是服务者。开幕式一结束,展览会就宣告成功,主办单位的人员便无影无踪。在国外这种现象决不会出现,主办单位是以服务客户的形象出现的,特别是客户服务中心可以帮助参展商、采购商解决各种具体问题,包括投诉。只要是参展商、采购商需要的主办单位就应该想到做到,只有通过优质的服务形成一个固定的客户群,主办单位才能在群雄逐鹿的时代牢牢占据一块自己的地盘。

其次,实现服务流程的规范化、标准化。国内很多展览企业都已经意识到了展览服务流程规范化、标准化的重要意义,如在全国率先获得国际质量体系认证的深圳高交会展览中心就已经创立了一套包括展览业务经营、展览工程、展场租赁、会展物业管理等较为完善的会展服务体系。在展览实践中严格按照规范的流程进行运作,为高交会、家具展、中国国际互联网展等大型展览会提供了一流、高效的会展服务。此外上海、大连、厦门等城市的会展中心也都相应地建立了各具特色的服务运作模式。

0.4.5　制作会展服务手册

在组展过程中,主办单位或展览承办商不可缺少地要为每家参展商提供一本优质的会展服务手册。这本服务手册制作的既要有吸引力,又要通俗易懂,还要标准规范。一方面,不要把手册的读者当做会展界的高手,要把他们想象成初入展览大门的新人,把一切可能想到的问题和解决方案都要写进去。另一方面,及时和大会主办方沟通了解本届展会服务的新变化。最后会展服务手册应该具有查询方面的功能,可读性强。这种既完整又易查的会展手册可以节省会展工作人员和参展商的时间,减少摩擦。

一般会展服务手册主要包括以下几个方面内容:包括展览的中英文名称、展览举办城市及场馆的名称、展览日期;包括进场、出场日期、展览承包商名字、地址、电话、传真、摊位租金、付款方式;包括提供材料和服务的程序、相关规定等;包括正式合同信息、摊位承包公司名称和其他指示标志、家具租借、装潢和地毯、运输、安置和拆除劳工、电力、消防、摊位清理等其他相关服务方面;包括邀请函、配套宣传策划、住宿及行程安排、交通旅游、视听设备、摄影、花艺、盆景租借、呼叫装置、模特儿现场展示或接待等。

0.4.6 服务要务实

会展服务也要体现重实效和"以人为本"的思想。比如展会的布局完全以展品大类来划分,方便观众参观。参观者刚踏进展览馆就能得到一份用不同文字编成的会展服务手册或参观指南,展场内还有就餐中心区、休息场所、便捷通道等,这些都体现着主办方无微不至的服务理念,也充分地体现了会展优质服务的魅力。

最后还需说明的是,会展服务与国际接轨并不是说要把国外会展服务模式全盘生搬硬套地引进来,在学习取经的同时也应该注重推陈出新,开发具有自身特色的服务模式。因此一个成功的展会就应该把优质服务放在第一重要的位置。

目前,我国会展企业的部门设置没有统一标准,依照地方实际各有千秋。依据会展服务的职责分工,主要有展览部、外联部(公关部)、客服部、搭建部等。本书将依据各部门主要业务作为项目开发的依据,逐一开展分析。

项目 1
会展服务通用流程与规范

【任务目标】

1. 掌握会展服务身体语言的基本技巧；
2. 了解会展服务意识培训的主要内容。

会展服务是提供比客户期望多一点点的服务;会展服务是持续不断地满足并超越客户的期望;会展服务不是在某一件事上比别人优胜10倍,而是在每一件事上都比别人优胜1%。

【案例导入】

开幕不到两天,第15届春季房地产交易会正值如火如荼之际,一场突如其来的大雨"浇冷"了不少参展商的心。5月1日傍晚的一场大风雨,将海口会展中心露天广场的展位搅了个七零八落,展棚被大风刮走,高档家具浸泡水中,还有参展企业的员工被飞来的桁架砸伤,部分参展商更是损失严重。

对此突发事件,有参展商指出主办方展棚桁架的搭建偷工减料,质疑防范机制不够完善,指责事件发生后组委会没有积极组织救援工作。对于参展商的指责,主办方回应将会积极寻找解决方案。

①现场:沙袋代替钉子固定桁架,大雨袭来飞上展棚。

1日下午6时许,一场倾盆大雨突袭海口,这场大雨使得正在海口会展中心露天参展的众多家装业参展商们措手不及,"还没回过神来,顶棚就已经飞走了。"一名参展商告诉记者,当时他们正在收拾物品,大雨袭来,仅仅一瞬间,顶棚就被连根拔起飞向了隔壁的展棚。

记者赶赴现场看到,有的展棚已经东倒西歪摇摇欲坠,用以支撑展棚的桁架结构严重扭曲,有的展棚已经倒塌,只看见倒在地上的招牌,现场散落着一些损坏的高档灯具碎片,折断的桁架随意摆放着,满目疮痍。

现场一名参展商告诉记者,展棚不堪大雨一袭的原因是组委会在展棚桁架搭建时偷工减料,居然用沙袋代替钉子固定展棚,牢固性差,抗风雨性不强。记者在现场看到,未被殃及的展棚桁架的确是用沙袋固定,一些桁架和沙袋甚至飞向了展棚的屋顶。

参展商表示,在布展结束时,他们就对组委会反映过对沙袋固定展棚安全性的疑虑,当时,组委会笃定保证,安全方面万无一失,并承诺有专门工作人员负责展会的安全问题,有相应的应急机制。当时有些参展商对此表示疑虑重重,在组委会的同意下自己出钱加固了展棚,仍是未能逃过一劫。

②参展商:商品被浸损失数十万元,3名员工受伤。

"我带来的高档家具全部被水浸泡了,比如这些藤椅和桌子,都是新的,肯定不能要了,这些高级的立灯也都碎了,损失太大了。"一名参展商指着杂乱的现场向记者数起了她的展位遭受的损失,据她初步估计,损失高达十余万元。该参展商告诉记者,此次共有十余家商家遭殃,损失金额高达数十万元。

"城门失火,殃及池鱼"。倒塌的桁架不仅损坏了参展商的货品,在展棚附近停靠的小轿车也未能逃过一劫。记者在现场看到,一巨幅广告牌和桁架横七竖八压在一辆丰田小轿车车顶,车子被广告幕布覆盖,车身边缘有凹陷的痕迹和些许刮痕,车主张女士暗自庆幸事故发生时没有人在车中,否则后果难以设想。

然而,还是有参展商的工作人员"中招",由于来不及躲闪,参展方有3名员工在展棚倒塌时被桁架砸到,分别是头部震荡及腰部、手部淤青受伤,当时已紧急送往医院进行救治。

"大雨来袭时,组委会没有相关人士组织救援,受伤的员工都是我们自己送去医院的。"在场的6位参展商十分不满组委会的应急能力,他们告诉记者,在事件发生后,组委会并没有主动与他们联系共同救援,主要领导也一直没有出面安抚参展商情绪或商量赔偿事宜,这让他们十分寒心。

"这个展会我们筹备了很长一段时间,本想利用五一的契机做好品牌推广的工作,出了这样的事情,证明组委会防范机制不够完善,我们的损失很严重,也对展会失去了信心。"参展商无奈地表示。

③房展组委会:没有不管不顾,一直积极寻找解决方案。

当天傍晚的这场大风暴不仅让3名参展商的工作人员受伤,还让数名参展商遭受数十万元的损失。对此,房展组委会相关负责人称,将尽力帮助参展客商恢复经营,也一直在积极寻找解决方案,至于具体如何处理该事,要等到第二天早上,经主办方和承办方讨论商量后,才能作出处理此事的结果。

面对参展商对组委会应急能力不足,处理态度不积极的指责,组委会相关负责人反驳:"生命安全第一,我们没有不管不顾,我们一直在这儿积极处理这个突发事件。"该负责人说,他们第一时间将受伤人员送到医院,并由他们承担医疗费用,目前还有组委会的工作人员在医院里处理此事。另外,对于现场的损失,组委会第一时间让专业的工作人员以一对一的形式,对每家参展商进行现场损失评估。

"现在就是存在一个损失如何处理的问题,所以第一步我们先确定损失的具体物件是什么,损失到什么程度,我们都记在一个本子上,双方都有签字。至于如何处理这些损失,需要我们主办方、承办方、保险公司以及损失方四方一起协商,得出一个处理的办法和意见,这件事情的处理,不是一方决定就能处理好的。"

针对参展商对展棚桁架搭建的安全质量的质疑,该负责人表示,棚架很安全,往年十多届房展的棚架都是如此搭法,一直没有发生任何事,而且制作棚架的公司一直在行业内也较有口碑,这次棚架被吹翻的主要原因就是傍晚这场风暴过大。

"这是天灾,不是人祸",该负责人继续分析棚架被掀翻的原因,"棚架有翻的,也有没翻的,至于这几个棚为什么会翻,我们要分析它的原因。翻的主要原因是这几个棚刚好处在这个风口方位,我们没想过这个风力有这么大。先分析清楚原因,才能确定过失,现在不是我们的棚没有安全保障,主要是风太大了,这完全是不可抗拒的因素"。

【案例分析】

会展中心展棚雨中"飞上天",参展商损失数十万。这样重大的会展事故对会展项目本身、组织方、参展商、购买商都造成了巨大损失。分析其原因,是多方面的,其中一条重要的原因是会展项目各方的综合服务意识没有建立。①没有遵循"分工不分家"原则,虽然出问题的部分是展棚,负责部门可能是搭建部、搭建公司等少数人,其他部门与员工也应该"看在眼里,记在心里"。②全面服务质量意识应该贯彻在会展项目所涉及的每一个人、每一件事上。

1.1 会展服务价值观

工作以客户为中心;加快速度、提高效率。

1.1.1 会展服务的定义

①会展服务要满足客户的显性需求,更要满足客户的隐性需求。
②客户5种最大的隐性需求:安全、速度、关心、尊重、成长。

1.1.2 会展客户的定义

①客户主要包括3类:采购商、参展商、观众。
②不但满足外部客户的需求,还要满足内部客户(你的同事)的需求。
③内部客户与外部客户构成了客户链;不会善待同事,就不会善待客户。

1.1.3 会展服务的理念

①对会展企业来说服务是长时间的准备,对客户来说服务却是一瞬间的感受。

②无论你有多忙,请记住:你给客户留下良好第一印象的机会只有一次。
③你给客户的负面印象会被转嫁到其他同事身上,这叫做"客户的逻辑"。
④客户成为你的支持者不会占用你很多时间,反之也一样。

1.2 服务礼仪的规范

1.2.1 固定电话的礼仪

1)接听电话的礼仪

①铃响三声之内拿起电话。
②问候来电话的对方。
③主动自报家门。
④询问客户是否需要帮助。

2)让人等候的礼仪

①告诉客户让他等候的原因。
②征询客户是否可以等候。
③等候客户的答复或致谢。
④提供需要等候的时间信息。
⑤对客户的等候表示感谢。

3)接转电话的礼仪

①向客户解释接转电话的原因以及转给何人。
②征询客户是否介意把他的电话接转给其他人。
③在挂断电话之前确认转过去的电话有人接听。
④预先把来电者的姓名和电话内容告诉你的同事。

4)记录留言的礼仪

①询问客户的姓名之前要先告诉他要找的人在不在。
②从积极的方面解释同事不在的原因。

③说出你的同事大概回来的时间。

④记下所有重要的信息：客户姓名、电话号码、来电事宜、同事姓名、日期时间等。

5) 结束电话的礼仪

①重复你要采取的行动步骤。

②询问客户是否需要你为他做其他的事。

③感谢客户打来电话并让他知道这个问题已经引起你的重视。

④让客户先挂断电话。

⑤挂断电话后立刻记录有关的重要信息。

6) 处理谩骂电话的礼仪

①首先认定客户一定事出有因。要礼貌地说："我确实非常想帮助您,同时我不相信您想用这种言辞讲话。请您别再用这种言辞了,好吗?"

②发出第二次警告,重复第一步中的内容。要礼貌地说："就像我刚才所说的,我确实非常想帮助您;同时由于您所用的言辞,我很难把注意力集中到解决问题上来。请您停止好吗?"

③让客户知道你不能再帮助他,挂断电话后你的上司会来处理此事。要礼貌地说："就像我刚才所说的,我确实非常想帮助您;同时我不愿意听您用这种言辞讲话,我要做的是请我的上司帮您解决这个问题。"

1.2.2　移动电话的礼仪

①工作场所应将移动电话调为振动状态;通话时要尽量放低声音,以免妨碍或影响其他人;如果你需要大声说话或涉及隐私,应该离开人群。

②与客户会谈时应尽量不接听移动电话;如非亲自接听不可,要先道歉并作出解释,例如:很抱歉,我办公室有急事需要通个电话。

1.2.3　使用名片的礼仪

①名片主要用于自我介绍,也可随鲜花、礼品、信函、文件等一起送出。

②名片应放在衬衫的左侧口袋、西装的内侧口袋或易于取放的皮包内,不要放在裤兜里;不要把自己的名片和他人名片以及杂物混在一起,以免拿错或需要时找不出来。

③递交名片时要将名片的正面朝向客户;然后用双手的拇指和食指捏住名片内侧两角平行推出递于客户胸前,同时可目视对方、微笑致意说:请多关照;平级交换名片时,也可右手递名片同时左手接名片。

④通常要用双手去接名片,收到后还应轻轻念出客户姓名以确认无误;如有不认识的字要当场请教,以免日后联络时引起客户的不满;使用名片夹时,应将客户的名片放在自己名片的上端夹内。

1.2.4　乘坐电梯的礼仪

①电梯内无人时,应在位尊者之前进入电梯,按住"开"的按钮,此时再请位尊者进入电梯;电梯内有人时,无论上下都应客户和上司优先。

②到达楼层或大厅时,应按住"开"的按钮,请位尊者先下;电梯内,先上电梯的人应靠后站,以免妨碍他人乘梯;电梯内不要大声喧哗或嬉笑吵闹;电梯内已有很多人时,后进来的人应面向内站立或退出。

1.2.5　引领客户的礼仪

①在走廊里,两人同行应让客户走在自己右侧以示尊重;三同人行,应让客户走在中间;四人同行不能并排走路,而应排成竖行。

②如果自己是主陪,应并排走在客人左侧而不能落后;如果自己是陪访随同人员,应走在客人和主陪人员后面而不能并排或走在前面。

③随同领导外出,一般应走在领导的两侧偏后一点或后面;在为位尊者引导时,应走在位尊者右前方2~3步前而让位尊者走在路中央;要与位尊者保持步伐一致,并适当地作些介绍。

④在楼梯上,原则上应尽量靠右边排成一列走,让出左边给急于上下楼的人通过;无论上下楼都应是位卑者走在下方一、二阶,以防意外。

⑤在楼梯间引路时应让位尊者走在右侧,引路人走在左侧;拐弯处或有楼梯台阶的地方应使用手势,并提醒位尊者"这边请"或"注意楼梯"。

1.2.6　接待客户的礼仪

1)开门

①听到有人敲门应尽快打开门、把住把手、站在门旁,对客户说"请进"并施

礼;进入房间后,用右手将门轻轻关上,请客户入座。

②引导客户进入我方办公室时,敲门后自己先要进入房间,侧身、右手把住门把手,对客户说"请进"并施礼;然后轻轻关门,请客户入座。

2)待客

①对预约来访的重要客户要做接待准备,提前几分钟在约定地点等候;客户到达时应主动上前表示欢迎,初次见面的还应主动作自我介绍。

②引领客户至会客室安置妥当、奉上茶水或饮料后,再进入正式的会谈。

③对待临时到访的客户也应以礼相待,若确因工作太忙而抽不开身时,应主动向客户说明原因、表示歉意、主动与客户另约时间,千万不可吞吞吐吐或频频看表以显示送客的心情。

④来客有同伴时,应请同伴在舒适的地方等待,要注意别对同行者失礼。

3)奉茶

①客户就座后应快速上茶,上茶时注意不要使用有缺口和裂缝的茶杯。

②太烫或太凉的茶水都起不到招待的作用,只会引起客户的不快;茶水合适的温度是70 ℃,浓淡适中;沏入茶杯应七分满。

③同行的客户应从身份高的开始奉茶;如不明身份,则应从上席者开始奉茶;在未给客人奉茶前,不要给本公司的同事奉茶。

4)送客

①送客时应主动为客户开门,等客户出门后,你再随后出来。

②送客千里、终有一别,可以在适当的地点与客户告别,如电梯口、楼梯口、大门口、停车场;若是远道而来的贵宾,应送客户到达车站、机场、码头,并且目送客人消失后再"打道回府"。

1.2.7 拜访客户的礼仪

1)预约

①拜访客户应预先约定好会面时间,不要早到或迟到;因临时有事不能如期赴约,要尽快通知对方并道歉。

②若突然造访没有事先通知对方,见面后要道歉并说明原因、请求谅解。

③拜访客户期间应提高效率、闲话少说,避免过多地占用客户的时间。

2)敲门

①敲门时用食指第二关节轻敲三下,约隔 3~5 秒钟再敲三下。

②经允许后方可进入客户房间;如无回应可再多敲一次,但不可连续敲个没完。

3)问候

①交往过程中的问候有些较为正式,其语言本身就是信息;也有些属于非正式问候,语言本身并没有什么真正含义,而是礼节上的应酬。

②问候寒暄的方式主要有两种:一种是语言招呼,如熟人见面说"您好!""最近忙什么呢?""早上好!";另一种是非语言招呼,如见面时注目微笑、点头鞠躬、举手示意等。

4)自我介绍

①初次见面时应简要热情地进行自我介绍。

②自我介绍要注意场合:正式场合应由主人先自我介绍,其他场合应当向同桌和邻座的宾客作自我介绍。

③自我介绍要注意时间:遇到不相识的人要立刻作自我介绍,不能不打招呼或转了一阵以后再介绍自己,这样会显得不尊重对方。

④自我介绍要注意礼节:自我介绍后应稍做交谈再离开;不可打断别人的谈话而介绍自己;年轻的女士遇到陌生男士不主动介绍自己,可以打个招呼、等男士先自我介绍。

⑤介绍自己时要讲清楚自己的姓名和身份,有名片要主动与对方交换。

5)介绍他人

①向对方介绍他人,一般先向女士打招呼,比如说:"××先生(女士),请允许我向您介绍一下×××";然后将被介绍者的姓名、职务、单位等交代清楚,方便对方与之交往。

②一般先向女士介绍男士,向长者和位尊者介绍年轻人或职位稍低者,如果身边各有一人应先介绍右边的、再介绍左边的。

③介绍时不可过分赞誉;如果你是被介绍的,一定要起立,向对方略带微笑行注目礼或点点头;年长女士可以不必起来,只需打个招呼即可。

1.2.8 职场乘车的礼仪

1) 乘车上的礼仪位次

①排定轿车礼仪位次时,不同数量座位的轿车礼仪位次也不尽相同。而在同一轿车上,驾驶者的实际身份也对礼仪位次构成明显的影响。

②一般双排5座轿车,当主人驾驶轿车时,其礼仪位次自高而低依次为:副驾驶座、后排右座、后排左座、后排中座;主人的太太同行时,应坐在副驾驶座,后排次序如上。

③有专职司机驾驶这种轿车时,其礼仪位次自高而低依次为:后排右座、后排左座、后排中座、副驾驶座。

④乘坐火车时的礼仪位次(以4人厢为例)自高而低依次为:顺行方向靠窗的座位、逆行方向靠窗的座位、顺行方向靠过道的座位、逆行方向靠过道的座位。

2) 上下车的顺序

①上下轿车时若条件允许,一般都应请与自己乘坐同一辆轿车的位尊者先上车后下车;位尊者上下车时要替其开门、并用一手遮住门框以免碰头;有时位尊者先下车也是可以的。

②自己在当尊者之后上同一辆轿车时,宜从车后绕行至另外一侧的车门再上车;下车时,亦须如此;不要在上下车时,有意无意妨碍对方。

③与位尊者同乘一车时,理应遵守礼仪上的先后顺序;不过分讲究礼仪上的先后顺序,也不宜忽略上下车时方便与否的问题。

1.2.9 宴会的礼仪

①在宴请和会议中,一般前面居中的桌子为主桌,桌次的高低以离主桌位置的远近而定,右高左低;桌数较多时,按照桌次牌的指示入座。

②单桌的宴请一般冲门最显眼的位子为主席,或冲门一方的左为上而右为下,是为首次两席。

③礼宾次序主要按照事先的安排确定位次;具体安排座位时,还应考虑其他因素,例如:双方关系紧张的应尽量避免安排在一起,身份大体相同或同一专业的安排在一起。

④恰当的用桌次和座位的安排显示你的地位、表示你的尊敬,将会为你的会议或宴请增添风采并取得特定的效果。

1.2.10 鲜花的礼仪

①春节(农历正月初一)送花:腊梅、南天竹、银芽柳、月季代表高雅与喜庆;牡丹、杜鹃、火鹤、唐菖蒲、金橘、荷包花、瓜叶菊、报春花及一些红色系的鲜花代表祥和与生机。

②情人节(2月14日)送花:红玫瑰配一盒巧克力代表温情缠绵;红玫瑰做胸花别在衣扣上代表温馨长驻。

③母亲节(5月第二个周日)送花:红色或粉色的康乃馨代表对母亲的感激与爱心;蝴蝶兰代表对母亲真诚的敬意。

④父亲节(6月第三个周日)送花:黄色的康乃馨或石斛兰代表对父亲终年辛劳养家的尊敬与感谢之情。

⑤中秋节(农历八月十五)送花:唐菖蒲、兰花、百合、火鹤配些应季水果、插成一个花篮,代表合家团圆、家道兴旺。

⑥元旦(1月1日)送花:大丽花、唐菖蒲、月季、兰花、百合花代表新年伊始、生机盎然。

⑦探望病人送花:百合花、月季、火鹤、康乃馨、洋兰等淡雅花卉与排草、天冬草搭配成的花束或花篮,使病人心情开朗,有助于恢复健康。

⑧祝贺生日送花:月季、百合、洋兰、勿忘我,配上万年青、银芽柳、满天星,代表对朋友事业有成、青春永驻的祝愿;为家中长者过生日,鹤望兰、百合、康乃馨、长寿花、万年青表达祝老人健康长寿的心愿;恭贺喜得贵子(千金)送花:非洲菊、雏菊、满天星代表孩子是家长心中的“小太阳”;得千金多送粉色花,得男孩多送淡紫色的花。

⑨祝贺乔迁新居送花:唐菖蒲、百合、石斛兰代表家道兴旺、万事如意;巴西木、龟背竹、米兰、文竹等绿色植物也适合迁居时作为礼品。

1.3 身体语言的标准

1.3.1 仪容仪表

1) 头发

①梳洗整洁、略施摩丝的头发最能体现服务人员良好的精神面貌。

②男职员的头发不宜太长,更不能长发盖耳或留大鬓角;女职员的头发不披散、不凌乱。

③男女职员不能将头发染成黑色系以外的其他颜色,发型不能夸张。

2) 耳朵

内部要清洁干净,女士可佩戴耳环,但样式不能夸张。

3) 眉毛

要整齐;女职员不宜纹眉;早晨眼屎不能留在眼角上。

4) 鼻腔

内部要清洁干净,鼻毛不能露出鼻孔,尤其是男职员。

5) 牙齿

①要刷干净;

②口中不能残留异味,非工作需要中午不能饮酒或吃异味食品。

6) 胡须

要刮干净,男职员不能蓄胡须。

7) 面部

①面部要随时注意清洁,尤其夏天出汗过多或皮肤油性过重。

②女职员要随时保持淡妆,不能浓妆艳抹,不宜用香味浓烈的香水。

8)双手

①手是人们的第二张脸,要随时保持洁净、经常修剪。

②不能留长指甲;女职员涂指甲油要尽量使用淡色系。

1.3.2　服装服饰

1)工装

①工作时间一律按要求穿着工装,工装应干净平整;工装内不能套过分臃肿的衣服;衬衣领口处要注意不能露出内衣。

②工号牌佩戴于工装左胸,女士工装左上兜可别一支笔。

2)西服

①深色系(黑灰蓝)为佳,西装上装与裤裙最好为同一花色,花色不同时应上深下浅。

②上装最底一个纽扣可以不扣;上装口袋和两侧口袋不能乱放物品,以免鼓胀。

3)衬衫

①纯白色最佳,每天更换为宜。

②注意袖口和领口不能有污垢;衬衫颜色要与西装、领带和谐。

4)领带

①以一种颜色为主基调,红色最能显示服务人员的热情与忠诚。

②切忌"斑马"搭配和"梅花鹿"搭配。

5)鞋袜

①黑色皮鞋为最佳;鞋面要随时保持清洁光亮,如有破损应及时修补,不能穿带鞋钉的皮鞋。

②男职员最好穿深色系(黑灰蓝)的棉袜或丝袜,女职员裙装时要着长筒丝袜且丝袜要高于裙下摆,无论坐站都不能露出;丝袜以肉色系的颜色为最佳。

6) 首饰

不佩戴夸张性首饰;服务人员除一枚戒指外不能佩带其他饰物。

7) 文具

①色彩庄重的硬皮笔记本与钢笔或签字笔为最佳搭配。
②需要时应随身携带小型计算器以便计算数字。

8) 名片夹

使用公司统一设计印制的名片,名片夹要品质良好。

1.3.3 行为举止

1) 坐姿

①多半从椅子的左侧入座,臀部紧靠椅背,上身不要靠着椅背而应微向前倾,双手可轻握于腿上或分放于膝前;两脚的脚后跟靠拢,膝盖分开约与肩宽。
②若坐在较深软的沙发上,应坐前端约 2/3 的部分,不可深埋在沙发里;女职员着裙装坐下时应先拢一下裙子,双腿并拢坐下。
③若久坐疲劳,可膝盖并拢自然向左或向右倾斜;若气氛较休闲,男职员可跷二郎腿但切忌抖动。

2) 站姿

①基本姿势是挺胸收腹、腰背颈部挺直、肩膀自然平放不耸肩、身体重心在两脚中间、两臂自然下垂;视线维持水平微高的幅度,使客户能看清你的面孔。
②男职员站立时双脚打开约与肩宽、左手搭于右手上自然半握放于腹前、气度安详自信,女职员双脚脚跟并拢、脚尖分开约 45 度、右手搭于左手上自然半握放于腹前、气度优雅大方。
③特别注意在会见客户或出席正规仪式或在长辈上级面前,不能将手交叉抱于胸前、叉腰或插在口袋里。

3) 行走

①行走时神态大方自然、目视前方、双臂自然摆动。

②不能将手插入口袋、左顾右盼、勾肩搭背;不能一边走,一边吹口哨、哼歌曲、嚼食物。

③在楼内廊道行走时应靠右侧沿墙边行走,不能在工作区域内随意跑动,拐弯时应注意放慢脚步。

4)点头

①微微地点头以示对人礼貌,适用于随便一点的场合。例如在路上行走、拥挤的场所(电梯、公车内)或是在其他公共场所与熟人相遇且无须驻足长谈时,可点头致意并随之说些问候的话语。

②与相识者在同一场合多次见面,只需点头致意即可;在社交场合,对不很熟悉或不相识者均可点头致以微笑。

5)鞠躬

①鞠躬时应从心底发出向对方表示尊重和感谢的意念,从而体现在行动上,给对方留下真诚的印象。

②鞠躬前要目视对方、双腿并拢、以腰为轴头和身体同时自然前倾;男职员双手放在身侧,女职员双手合起放在体前。

③平常遇到上司或重要客户表示敬意或感谢时,可行 15 度鞠躬礼,即视线约停在脚前 1.5 米处;而接受颁奖或与客户初次见面时可行 30 度鞠躬礼,即视线约停在脚前 1 米处;至于 90 度鞠躬礼,则适用于郑重忏悔或追悼等特定场合。

④鞠躬的诀窍在于低头时的动作要比抬头时缓慢,时间约为一呼气一吸气的长短。

⑤鞠躬时要避免以下事项:只低头的鞠躬、不看对方的鞠躬、头部左摇右晃的鞠躬、双腿没有并齐的鞠躬、驼背式的鞠躬、可以看到后背的鞠躬。

6)面部

①面部表情能让客户感觉到你非常高兴为他服务,并愿意与他友好相处。

②微笑是面部表情中最能给人好感、愉悦心情、增加友善和沟通的表现方式;一个微笑可以体现出热情、修养和魅力,从而得到他人的认同。

③目光接触能让客户感觉到你正在专心听他讲话,并愿意接受他的看法。

④要与客户保持有效而适度的眼神交流,避免斜视、偏视、俯视、窥视。

⑤目光应柔和地放在客户双眼和鼻尖构成的面部三角区的中心并以此向

外扩散,集中在上至发际、下至上装第二颗纽扣、两边至两耳这样一个范围内,这种专业技巧叫做"散点柔视"。

7) 手势道具

①手势道具能让客户感觉到你对某一事物的特别强调,并引起他的关注。

②为客户指示方向或介绍样品时应使用指示手语:四指并拢、拇指内弯。

③向客户说明或强调数字概念时应使用数字手语:1,2,……。

④不合时宜的手势和道具:手势过多、乱打响指、一个手指指向客户、手指叩击桌面、不时地看手表、不停地转动圆珠笔、抖动口袋里零钱。

⑤握手是最常见的身体接触方式:握手不要用力过大,也不要用力过小;手心向上表示谦虚顺从,手心向下表示位高权重;双手握住对方表示真挚而又喜爱;长时间握手且上下摇动表示热烈而又亲密;当长者或贵宾向你伸出手时,你要身体前倾、快步上前、双手握住对方的手;与女士握手时,时间要短、用力要轻、一般只握女士的手指;握手前应脱帽并去除手套,握手后切忌擦手或洗手;坐着与人握手、用左手与人握手、用湿手或脏手与人握手都不太礼貌,应当说明情况或道歉。

⑥握手的先后顺序:如果对方是主人、长者、贵宾或女士,最好等对方伸出手来再与之握手;如果对方没有握手的意思,点头鞠躬致意即可;许多人同时握手时,不要交叉握手;遇到贵宾,不要主动上前握手。

8) 拥抱亲吻

①触摸客户最妥当的部位是他的前臂,表示你对他真挚的关心;切忌用一只胳膊搂着客户的肩膀,用力拍打客户的后背,弄乱客户的头发,拉住客户不让走。

②拥抱与亲吻应根据不同国家、不同文化背景的客户,视现场情况而定。安全适当的距离会与客户促进交流,彼此更加信任;三种空间距离:

a.亲密距离,小于0.5米;属于伴侣、亲属、孩子、密友的距离。

b.社交距离,0.5~1.2米;与客户的谈话多在这一范围内进行。

c.公共距离,大于3.6米;适用于会议上讲话的经理或培训师。

1.4 有声语言的标准

1.4.1 基本标准

①运用共鸣技巧来美化你的声音,同样一句话使客户听起来更加悦耳。训练共鸣技巧的方法之一是:气沉丹田念"大海——"。

②运用表达技巧来增强语调的韵律,使客户感觉你的语言在抑扬顿挫。表达技巧包括重音(强调目的)、停连(强调顺序)、语气(强调感情)。

③节奏(强调轻重缓急)。运用情景再现的技巧站在客户的角度想象他所遭遇的情景,增强服务人员对客户的理解:脑海中不断浮现人物、情节、场面、气氛等画面,自然就能达到与客户情感上的融入。

1.4.2 会展服务的用语

表1.1 具体列示了会展服务的用语。

表1.1 会展服务用语的标准与错误举例

错误服务用语	标准服务用语
我不知道	让我想想看
我忙着呢	抱歉,请您稍候
我觉得没问题	我会尽力的
我不负责……	这件事该由……来帮助您
请您冷静点儿	我真的很抱歉看到……
再给我来电话好了	我会给您回电话的
不、不行	我能做到的是……,您能做到的是……
那不是我的错	让我们看看这件事该怎样解决
你说得对,这个部门是很差劲	我理解您的感受
这事你去找经理说吧	我帮您把此事反映给经理好吗

1.5 会展服务意识培训

1.5.1 服务质量和服务意识

服务是会展向客人出售的特殊商品,既是商品,就会同其他产品一样具有检验其品质优劣的标准,这个标准就称之为质量,即服务质量。服务质量,是指会展为客户提供的产品和服务适合与满足宾客需要的程度,或者说是指产品和服务能够满足客户需求特性的总和。服务质量对会展竞争具有决定性作用。对会展来说,经营是前提,管理是关键,服务是支柱。服务质量不仅是管理的综合体现,而且直接影响着经营效果。会展服务质量的好坏取决于两个方面的因素:一是物的因素;二是人的因素。其中人的因素尤为重要。会展企业全体员工必须树立高度的"顾客"意识,顾客是会展的真正"老板","顾客至上"应是会展必须遵循的宗旨。

"顾客至上"必须体现在员工的服务工作中,形成一种服务意识。这种意识就是会展企业员工以顾客为核心开展工作,以满足顾客需求,让顾客满意为标准,时刻准备为顾客提供优质服务的一种意识。会展企业员工要时时记住"顾客就是上帝""顾客总是对的",时时处处以顾客满意为标准,把握自己的言行,形成良好的服务意识。

1.5.2 衡量会展服务质量的标准

顾客是靠感受来测评会展的服务质量的,因此服务质量的特性就具体表现为"五感":给顾客以舒适感、方便感、亲切感、安全感、物有所值感。会展无论从硬件设施,还是从软件服务,以及二者的结合上均应体现这五感,这是衡量会展服务质量的标准,也是会展服务质量应达到的目标。

什么是优质服务? 行家认为:规范服务 + 超常服务 = 优质服务,现从以下5个方面阐述什么是服务工作者的优质服务。

1) 良好的礼仪、礼貌

会展服务最大的特点就是直接性,由员工面对面地为顾客服务。会展产品的质量包括3个部分:一是设施设备的质量;二是食品、商品的质量;三是服务的质量。而服务质量可分为服务态度、服务知识和服务技能等三个方面。在这三个方面中,尤以服务态度最为敏感,服务态度的标准就是热情、主动、耐心、周到、谦恭,其核心就是对宾客的尊重与友好,也就是礼节、礼貌,并且礼节、礼貌程度高可在一定程度上减少顾客对员工知识和技能欠缺的不满,因此礼节、礼貌是宾馆服务质量的核心内容,是会展竞争制胜的决定性因素,而会展要提高服务质量,就不能不讲究礼节、礼貌。

注重礼仪、礼貌,是会展服务工作最重要的职业基本功之一,体现了会展对宾客的基本态度,也反映了会展从业人员的文化修养和素质。礼仪、礼貌就是会展从业人员通过一定的语言、行为和程式向客人表示的欢迎、尊重、热情和感谢。

礼仪、礼貌表现在外表上,就是要衣冠整洁,讲究仪表仪容,注意服饰发型,在外表形象上要给人以庄重、大方、美观、和谐的感受,显得清爽利落,精神焕发。切忌奇装异服或浓妆艳抹,与客人争艳斗俏。

在语言上要讲究语言艺术,谈吐文雅,谦虚委婉,注意语气语调,应对自然得体。

在行动上要举止文明,彬彬有礼,服务的动作幅度不要太大,动作要轻,坐、立、行都要有正确的姿势,注意克服易引起客人反感的无意识小动作。

在态度上要不卑不亢,和蔼可亲,真诚自然,力戒矫揉造作。从内心发出的真诚微笑是赢得客人好感的"魔杖",在接待服务过程中,要始终笑脸相迎,要具备保持微笑的职业本能和习惯。

2)优良的服务态度

服务态度是指服务人员在对服务工作认识和理解基础上对顾客的情感和行为倾向。

良好的服务态度,会使客人产生亲切感、热情感、朴实感、真诚感。具体来说,为客人服务要做到:

①认真负责。就是要急客人之所需,想客人之所求,认认真真地为宾客办好每件事,无论事情大小,均要给宾客一个圆满的结果或答复,即使客人提出的服务要求不属于自己岗位的服务,也主动与有关部门联系,切实解决顾客疑难问题,把解决顾客之需当做工作中最重要的事,按顾客要求认真办好。

②积极主动。就是要掌握服务工作的规律,自觉把服务工作做在客人提出要求之前,要有主动"自找麻烦"、力求客人完全满意的思想,做到处处主动、事事想深、助人为乐、事事处处为顾客提供方便。

③热情耐心。就是要待客如亲人,初见如故,面带笑容,态度和蔼,语言亲切,热情诚恳。在川流不息的客人面前,不管服务工作多繁忙、压力多大,都保持不急躁、不厌烦,镇静自如地对待客人。宾客有意见,虚心听取,宾客有情绪尽量解释,决不与顾客争吵,发生矛盾要严于律己,恭敬谦让。

④细致周到。就是要善于观察和分析客人的心理特点,懂得从客人的神情、举止发现客人的需要,正确把握服务的时机,服务于客人开口之前,效果超乎顾客的期望之上,力求服务工作完善妥当、体贴入微、面面俱到。

⑤文明礼貌。就是要有较高的文化修养,语言健康,谈吐文雅,衣冠整洁,举止端庄,待人接物不卑不亢,尊重不同国家、不同民族的风俗习惯、宗教信仰和忌讳,事事处处注意表现出良好的精神风貌。

⑥在服务工作中杜绝推托、应付、敷衍、搪塞、厌烦、冷漠、轻蔑、傲慢、无所谓的态度。

3)丰富的服务知识

会展服务知识涉及很多方面。服务部门共同的基础服务知识大致有如下几类:①语言知识;②社交知识;③旅游知识;④法律知识;⑤心理学知识;⑥服务技术知识;⑦商业知识;⑧民俗学知识;⑨管理经营知识;⑩生活常识。

除此之外,员工还必须熟悉会展的基本情况,具体内容如下:

①必须熟悉会展的行政隶属、发展简史、主要大事记、星级及现在的经营特色。

②必须熟悉会展附近的几个主要车站的站名,有哪些车经过,主要通往市内何处,经过哪些主要地方。会展距火车站、飞机场、码头的距离及交通方法。

③必须熟悉会展内各营业场所的分布及主要功能。

④必须熟悉会展内服务设施的状况,服务项目的特色,营业场所的位置、营业时间和联系电话。

⑤必须熟悉会展总经理、副总经理和其他高层管理人员的姓名。

⑥必须熟悉会展各部门的主要职能、工作范围、经理姓名、办公室位置、电话,有哪些主要下属部门及各下属部门的主要工作。

⑦必须熟悉会展的企业理念、质量方针,并理解其含义。

⑧必须熟悉会展的标志等 VI 形象。

⑨必须了解本岗位工作的有关规定、标准、要求。对所使用的工具、机械要做到"三知""三会",即知原理、知性能、知用途,会使用、会简单维修、会日常保养。对工作中要使用的各类用品、原料,要熟悉其性能、规格、用途及使用的注

意事项。

具备了丰富的服务知识,员工才能在会展这个万花筒式的世界里,应酬自如,得心应手。如果不具备相应的服务知识,员工就不可能很好地回答顾客的各种问题,提供优质的服务。

4)娴熟的服务技能

娴熟的服务技能是决定服务质量水平的基础,它包括服务技术和服务技巧两方面。娴熟的服务技术,要求各项服务操作和服务接待符合数量标准、质量标准和速度标准,操作规程科学。

服务技巧,是指在不同场合、不同时间、针对不同服务对象而灵活做好服务接待工作,达到良好效果的能力。这种能力在会展工作中尤具重要意义,服务最大的特点就是面对人,而人是复杂的,规程只能提供指南,却不可能提供判断某种服务方式是对或是错的绝对标准。因此,灵活处理非常重要,不管采用哪种方式、手段,只要达到使客人满意的效果,就是成功的。

5)快捷的服务效率

服务效率是指为客人提供服务的时限。服务效率在服务质量中占有重要的位置。讲究效率不等于瞎忙,要力求服务快而不乱,反应敏捷、迅速而准确无误。它不仅体现出服务人员的业务素质,也体现了会展的管理效率。每项服务都有具体的效率要求,大家在部门的岗位技能培训中,应参照各项服务标准,刻苦训练。

6)建立良好的顾客关系

建立良好的顾客关系应注意几个要素:

①姓名:记住客人的姓名并以客人的姓氏去适当地称呼客人,可以创造一种融洽的顾客关系,对客人来说,当员工能认出他时,他会感到自豪。

②词语选择:以恰当的词语与客人搭话、交谈、服务、道别,可以使客人感到与员工的关系,不仅仅是一种简单的商品买卖的关系,而是一种有人情味的服务与被服务的关系。

③语调、声音:语气、语调、声音是讲话内容的"弦外之音",往往比说话的内容更重要,顾客可以从这些方面判断出你说的内容背后的东西,是欢迎还是厌烦,是尊重还是无礼。

④面部表情:面部表情是员工内心情感的流露,即使不用语言说出来,表情

仍然会告诉客人,你的服务态度是怎样的。

⑤目光接触:眼睛是心灵的窗口。当你的目光与客人不期而遇时,不要回避,也不要死盯着客人,要通过适当的接触向客人表明你服务的诚意。当客人同服务人员讲话时,员工应暂停手中工作,眼睛看着客人,立即予以回应。

⑥站立姿势:会展要求一律站立服务,站立的姿势可以反映出对客人是苛刻、厌烦、淡漠,还是关心、专注、欢迎等各种不同态度,应时刻保持良好的站立姿势,如因工作需要而坐着,见到客人应立即起立,忌背对着客人,忌双手插在衣袋或裤袋内。忌倚靠门、墙、或桌椅等。

⑦聆听:听与讲是对客人服务中与客人沟通的一个方面,注意聆听可以显示出对客人的尊重,同时有助于多了解客人,更好地服务,注意不随便打断客人讲话。

⑧友谊:会展是客人的"家外之家",员工是会展的主人,如果主人的表情冷冰冰,客人做客还有什么意思呢? 当然,良好的顾客关系,不是过分的亲热,更不是私情和亲昵。

⑨对顾客服务要言行一致,重视对顾客的承诺,不但要说得好,而且要做得好,行动胜过千言万语。

⑩对顾客一视同仁,不以衣饰、肤色、国籍等取人,平等对待。

1.5.3　做一个合格的会展企业员工的基本要求

1)会展企业员工必须严格要求自己,努力做好服务工作

作为会展企业员工,必须明确:岗位上的我,是会展的一分子,在自己的岗位上,"我"不仅仅是代表自己,更重要的是代表会展企业,代表展会的质量、形象。会展形象的好坏、效益高低,与员工的工作息息相关。会展的兴衰,员工负有不可推卸的责任。在自己的岗位上,要有这样的认识;不能因为"我"而使会展形象受损,而要通过"我"的工作、优质的服务,让客人赞美我们的会展,会展的员工应有强烈的责任感。

作为会展的员工,必须明确会展的服务程序、规范和标准,按会展的要求提供服务。热情、主动、高效地为顾客服务。灵活处理发生的问题,自己不能处理的,要上报上一级处理。要认识到,服务没小事,一些看来不重要的事,可能对客人十分重要,可能会影响客人对会展的测评。因此,对待服务工作必须持十分认真的态度,把每一件事都做好,就会提高会展服务的质量。

作为会展的员工,必须知道,会展的服务工作,是在分工与协作的前提下进行的,任何一个人离开了,别的部门、别的员工都无法独立完成服务工作。因此,员工必须加强协作,不要事不关己,高高挂起。客人要求服务时,更不能因不属于自己岗位的职责而把客人推来推去。为了优质的服务,为了和谐的工作环境,员工应严于律己,宽以待人,热诚相助,同事之间应相互尊重,友好相处,相互帮助,相互配合,团结协作。

作为会展企业员工,必须自觉维护会展形象,须知树誉千日,毁誉一时,要知道会展服务产品"100 - 1 = 0"的道理(即一个环节、一个人的身上出现了劣质服务,所有好的服务、其他员工辛勤劳动将白白地付之东流,良好的会展形象将在宾客印象中不复存在)。因此,作为会展企业员工必须从我做起,自觉维护好会展形象,要通过自己的一言一行,一举一动,去树立和传播会展的良好形象,做到有损会展形象的话不说,有损会展形象的事不做,即使对会展或某位管理人员有意见,也应主动向上级反映,切不可在客人面前讲会展或其他部门的坏话,而应时时刻刻树立和维护会展形象,这是为宾客服务的基本准则。

2)会展企业员工应具备良好的观察力,以便把握服务时机,主动地、有针对性地搞好服务

员工最令宾客佩服的本领,就是能把宾客最感兴趣的某种需要一眼看穿,并根据实际情况提供相应的服务,而达到这一良好效果的前提,就是员工能通过宾客的外部表现了解其心理活动,这种能力就是员工的观察力。一个观察力较强的员工,在日常接待中能够通过对宾客眼神、表情、言谈、举止的观察发现宾客某些不很明显又很特殊的心理动机,从而运用各种服务心理策略和灵活的接待方式来满足宾客的消费需要,把服务工作做在客人开口之前。具体来说,要注意观察以下几个方面:

①留心观察宾客的体态表情,不失时机地提供有效服务。宾客的行为举止和面部表情往往是一种无声语言,他们的心理活动,无一不在这方面流露出来。如客人进了餐厅,员工就站在旁边等候客人点菜,这非但不能使客人在不知不觉中得到享受,反而会感不便,以至紧张。因为如果是会餐,他们还要大家商量商量,如果是宴请,主人还要征求客人的意见,此时,服务人员站立一旁就显得不够得体。餐饮服务的实践表明:员工恭恭敬敬地递上菜单后,应稍退一旁,让他们自行商量一会儿,但又不能置之不管,仍应不时关注他们,就在主人抬起头时,员工立即出现在他们面前,或回答他们的问题,或自然地介绍,推销特色菜肴,或听他们点菜。总之,此时出现,恰到火候。

②注意分析宾客的交谈语言或自言自语,掌握宾客的需求趋向。员工从宾客的相互对话中,能观察到宾客的心理状态,宾客之间的关系,宾客的爱好及所期求的某些服务等,从宾客的自言自语中,也能悟出他的心事。

③正确辨认宾客的身份,注意宾客所处的场合。宾客的职业、身份不同,对服务工作就有了不同的需求。另外,宾客在不同的场合,对服务的需求心理也是不一样的,这就要求员工根据宾客的不同年龄、性别、文化、职业、情趣、爱好,从接待招呼用语,到商品介绍、礼貌服务,要各有侧重。

概括起来,就是通过举止看需求,考虑环境场合,观察心境,把心境和需求结合起来定时机,只有这样,才能准确掌握与宾客搭话、讲解与介绍的时机,为宾客送茶倒水的"火候",为宾客添酒加菜的最佳时刻和提供其他具体服务的良机,提供有针对性的服务。

3)会展企业员工要有妥善处理各种矛盾的应变能力

在服务过程中由于会展企业员工与宾客分别代表着不同的利益,因此,双方之间的矛盾是时有发生的。在这种情况下,应变能力强的员工,就能正确处理各种矛盾。在既不损坏会展声誉,又能维护宾客情面的情况下,妥善把问题处理好。因此,为了不断增强在复杂服务环境下的个人应变能力,员工应明确3个问题:①员工是会展企业的代表,但也要设身处地地站在宾客的立场上来考虑问题,即应常想一想"假如我是一名宾客";②员工个人的面子好挽回,但会展失去的信誉是谁也找不回来的,要以维护会展的信誉为第一;③除个别情况下,宾客对员工的态度,往往是员工对宾客态度的一面镜子。

在上述指导思想下,在处理与宾客发生的一般性矛盾时,员工就要坚持做到:①客观考虑宾客的利益,适当做些必要的让步;②弄清宾客的动机,善意地加以疏导;③员工的克制与礼貌,是扑灭宾客怨愤之情的"灭火剂"。

4)会展企业员工应坚持自觉性

没有自觉性的人,则不能确定自己的目的、目标,工作要等别人指出,任务要有人督促才去完成,往往要"推一推,转一转",甚至对工作能推就推,能拖就拖,怕麻烦,怕辛苦,能不做就不做,能让别人做就让别人做,缺乏主动性,或在工作中忽东忽西,学习不刻苦,工作不专心。

在服务工作中坚持自觉性就是要加强主动服务。主动服务不仅是宾客在本会展的受欢迎程度的体现,也是一名员工专业水平高低及个人能力、素质的综合表现。因此在服务行业中加强主动服务是非常有必要的。何谓主动服务呢？主动服务是员工要掌握服务工作的一般规律,善于观察分析客人的心理和特点,懂得从客人的神情和举止上了解其需要,服务于客人开口之前,至少在宾客开口之后要马上服务以满足宾客的需求。主动服务要求员工有"主动找事做"的意识,对职责范围内的工作,不用上级督促,不需宾客提出便主动服务,在一般情况下,可做可不做的事情要主动热心去做,不怕麻烦,任劳任怨,从自身做起,带动他人。主动服务关键是要有高涨的工作热情与强烈的服务意识,没有这些正确观念的支持,就没有了推动力。因此,培养工作热情与服务意识是根本,而且还必须加强记忆能力、观察能力、思维理解能力以及反应能力、团体意识与合作精神的培养。须知员工是会展的主人,要站在主人的位置上,主动开口,主动服务,给客人以"热情好客的主人"的良好印象,使服务效果超乎宾客期望之上。

5)会展企业员工要保持自制力

自制力是一种对个人感情、行为的约束控制力。自制力较强的员工善于控制自己的情绪,约束自己的情感,克制自己的举动,使之符合自觉的目的。无论与何一种类型的宾客接触,无论发生什么问题,都能做到镇定自若,善于掌握自己的语言分寸,不失礼于人。

在日常服务过程中,由于员工的心理受到各种主客观因素的影响,不愉快的事情是经常发生的。在这种情况下,是稍有不快就把心中的怨气发泄到客人身上,还是发挥意志的作用,有意识控制调节以至转化自己的情绪,就取决于员工自制力的强弱。有了良好的自制力,就能做到"有理让三分",加深宾客对员工的谅解。

加强自制力,克服冲动性应注意以下几个方面:

①当自己心情欠佳时,不应把情绪发泄到客人身上。诚然,每个员工都是一个实实在在的、有血有肉有感情的人,都会遇到不顺心或伤心的事,甚至会在表情、动作、语言中表现出来。但是在服务工作过程中,员工能将喜怒哀乐都"形之于色"吗?不能。因为客人是花钱来买享受的,是会展的"皇帝",而非"受气桶",因此员工要善于驾驭情感,作好自我调节,不要把情绪发泄在客人身上,不要把不满或怨恨发泄在工作中,如大力地端送上菜或收拾碗筷,这些都容易让宾客发现和不满。再者,就是要注意如果面部表情生硬或面无表情,以至对宾客的询问不理不睬,这样也极易引起客人的误会,客人会认为你不情愿为他服务。在服务工作中,员工必须避免类似这些情况的出现,要经常反问自己在服务中是否做到面带笑容,控制自己不要把不愉快带给宾客(有条件的话可

先照镜子检查一下自己的笑容,或深呼吸几次,以便控制自己的情绪),礼貌地为宾客作好服务。

②当宾客对员工的工作提出批评,会使员工难堪时,员工应冷静地对待。要相信,客人对会展提出批评,大多数是处于对会展的爱护和信任,是善意的,应虚心接受,切不可针锋相对,使矛盾激化,不可收拾。如属客人无理取闹,则交由领导处理。

③当宾客对员工不礼貌时,员工不能以牙还牙,而是要有礼、有利、有节地解决问题。

④当接待客人较多,工作量较大时,应注意服务态度和工作效率。客人多时员工的工作量较大,这时应注意:a. 要对客人讲礼貌,不要感到客人多是有求于我们而对客人冷淡、无礼、不耐烦,须知会展兴旺、宾客多是宾客对我们的信任,是我们树立良好形象的好时机,不能客人"有求于我们"时我们不热情,我们"有求于客人"时才热情。b. 要提高工作效率,做到镇定自如,忙而不乱,有条不紊地接待客人,做到"接一答二招呼三",接待好每位客人。

⑤当接待的客人较少、工作量较少时,应注意加强自律。淡季或空闲时客人较少时,员工紧张的神经往往会松弛下来,感到疲劳,且空闲时感到时间特别长,甚至会产生挨时间的感觉,这时,员工往往会放松对自己的要求,产生工作紧张时没有的毛病,如聚堆闲聊,不注意行为举止,甚至发牢骚,讲怪话等。因此,空闲期间往往更容易检验员工的意志。作为员工,此时更应注意严格要求自己,要做到有无客人一个样,做好营业高峰到来时的准备工作,如整理一下工作场所、工作柜台,以备客人到来时把服务工作做得更好。

⑥控制私欲的过分膨胀,不做一失足成千古恨的事。人有私欲是正常的,但必须在合情、合理、合法的范围内追求。在服务岗位上,员工接触的人多,社会上各个层次的无所不有,也经常会见到某些所谓的"大款"动辄千金,与自己的工作报酬形成了强烈的反差,对此,员工必须时常提醒自己,不可过分追求私欲,失去理智,不可利用工作之便贪污或去偷、去骗,甚至出卖灵魂和肉体,落得可耻的下场,当处在犯罪与法律、道德的天平上左右时,不能心存侥幸,一时冲动而自己失去控制,走上犯罪道路。

⑦在与同事、上级的交往中,应心平气和,遇有矛盾或争议,应忍让冷静。员工在与同事、上级的交往中,发生矛盾是在所难免的,遇到这种情况,员工应冷静地对待。因工作与上级发生争议,如上级正确,应当服从,如上级不正确,即使有意见或情绪,也不能在同事或宾客面前顶撞上级,与上级争吵,而应事后以适当的方式提出。如与同事因工作、性格、言语等发生争执,也应以理服人,

得理让人,不能蛮不讲理,争吵嘲讽谩骂,甚至一时冲动打架斗殴,造成严重后果。如有争执最好请上级处理。

⑧在日常工作和生活中,要讲究礼貌,遵守纪律。要以礼貌规范和纪律条例来规范自己的行为,要以良好的自制力克服日常生活中的不良习惯,如着装仪表不整,不雅的口头语,行坐不端庄,随地乱扔乱吐等。同时,也要以纪律作为行为的准则,不做违反纪律的事。

测　评

【真实任务】

某博览会现场,一位已经多次参加该博览会的外国采购商,当他走到服务台时,还没有等他开口,工作人员就主动微笑地把钥匙递上,并轻声称呼他的名字,这位客人大为吃惊,由于博览会工作人员对他留有印象,使他产生一种强烈的亲切感,旧地重游如回家一样。

还有一位客人出入博览会现场时,工作人员突然准确地叫出:"××先生,服务台有您一个电话。"这位客人又惊又喜,感到自己受到了重视,受到了特殊的待遇,不禁添了一份自豪感。

另外一位外国客人第一次参加该博览会,工作人员从登记卡上看到客人的名字,迅速称呼他以表欢迎,客人先是一惊,而后作客他乡的陌生感顿时消失,显出非常高兴的样子。简单的词汇迅速缩短了彼此间的距离。

此外,一位VIP(非常重要的客人——贵宾)随带陪同人员来到服务台登记,服务人员通过接机人员的暗示,得悉其身份,马上称呼客人的名字,并递上打印好的登记卡请他签字,使客人感到自己的地位不同,由于受到超凡的尊重而感到格外的开心。

【任务要求】

从客户需求角度分析会展服务培训的主要内容。

项目2
展位销售服务

【任务目标】

1. 掌握会展客户信息管理技能；
2. 学习展位销售、展位价格谈判的技巧；
3. 掌握商务沟通能力。

在会展企业的许多部门中,与客户接触最多、影响最大的部门是展览部,它依托主要的会展项目,与参展商、招标商逐一发生联系,是会展企业最为重要的部门之一。该部门的主要工作是展位销售,负责国内外大型展览、会议的招商组织(包括展位租售、赞助合作、客户服务等),邀请商家参展、参会等相关工作。

展览部员工的职位职责包括:

①通过电话、网络等与全国各地的目标客户联系,邀请商家参展、参会。

②负责拓展与会展主办方和参展方合作关系。

③负责拓展新的业务渠道,向客户推荐公司的市场方案,并跟踪协调执行。

展览部员工的基本要求包括:

①熟悉会展行业,清楚会展单位的工作流程。

②熟悉市场营销,具备敏锐的行业分析能力,了解媒体宣传。

③活动策划、执行能力强,具有创新精神。

【案例导入】

第六届中国花卉博览会(简称六博会)是我国加入 WTO 后的第一次全国性花事盛会,也是第一次在西部举办的花博会。六博会由中国花卉协会和四川省人民政府联合主办,由四川省花卉协会和成都市人民政府承办,将于 2005 年 9 月 28 日至 10 月 7 日在成都市温江区举行,历时 10 天,其主题是:让鲜花扮靓生活;办会理念是:以花为媒、扩大对外开放,以花搭台、促进产业发展,以花怡情、美化人民生活;办会目标是:把六博会办成历届规模最大、创意最新、影响最广、效益最佳、服务最优,具有浓郁西部特色和国际水准的花博会;办会形式将采用"三结合",即虚实结合,在举行实地实物展览的同时,推出"在线六博会",把六博会办成首次拥有虚拟花博会的花事盛会;综合展与专题展相结合;展览与交易相结合。

六博会主要内容分为两大板块,第一板块为六博会综合展、第四届中国花卉交易会、六博会摄影精品展以及中国风情画展。第二板块为六博会配套活动,包括国际花卉业发展论坛、开幕式、闭幕式、相关文化活动和旅游活动。

六博会静态总投资预计为 7.8 亿元,其中基础设施建设投资 7.3 亿元,办会直接投入 5 000 万元。资金筹措采取"政府投入加市场运作"的方式多渠道解决。预计届时将吸引上千家国内外企业参展,上百万游客参观。

六博会招展工作的主要内容:

六博会组委会以花会为载体,采取招展与自筹,花展与商贸相结合的市场运作方式,为国内外花卉园艺界提供展示自己的最新成果、实现花贸合作与交流的机会,促进花卉事业的进一步发展。本届花博会将面向国内外花卉园艺生产经销企业、花卉组织、全国各地园林、旅游单位、全国各大名优企业、园艺爱好者等招展,展示大型花卉造型、花坛、花境、室内外植物展览、盆景、插花、奇花异果、花鸟鱼虫、观赏石、园林产品及园林机具等内容。同时,还将组织花卉贸易、花卉科普、花艺大赛、文艺演出、花饰表演、家庭养花咨询、学术交流等活动。

六博会招展目标:

通过高质量的招商招展,吸引50个以上的国家和地区、200个以上的境内外展团、2 000家以上的花卉企业云集六博会,使六博会交易额达10亿元。

【案例分析】

"六博会"招展面临的有利条件和不利条件:

有利条件:①花博会的影响逐步扩大;②花博会有高规格的组织体系;③西部花木市场前景诱人;④举办地温江给予的政策优惠。

不利条件:①花博会的影响有限;②招展时间紧,任务重;③交通不便;④招展经验不足。

2.1 会展客户关系管理

参展商在会展价值链中处于核心地位,会展产生的经济效益和社会效益也都因此而来,客户(参展商和贸易商)成为决定会展成败的关键。客户关系管理为会展组织者提供了全方位的客户视野,提升了与客户交流的能力并使客户收益率最大化。

2.1.1 会展客户信息处理

1)客户资料获取

会展企业所面对的是一个广泛复杂的群体,主要包括一般观众和专业观众、参展商和贸易商。收集一切可以获取的资料是客户信息处理的第一步。客户信息可以分为静态和动态两类:静态数据即客户的基本特征,如公司名称,公司地址,联系方式,主营业务等;动态数据即客户的消费行为资料,如何时购买,历史消费记录,流失或转到竞争对手记录、与企业接触的历史记录等。会展客户获取,即在广泛的客户群体中,通过各种与客户互动的途径,包括电子门票因特网、客户跟踪系统呼叫中心档案等,全面收集客户资料数据储存到客户数据库中,然后将不同部门的客户数据库整合成为单一的客户数据库。

2)会展客户甄别

将收集到的资料重新确认信息的真实性,并从中甄别有价值的客户是客户信息处理的关键一步。根据各参展商的经营业务类型、产品特色、生产规模、企业实力等因素,确定对其有增长潜力和发展前景的参展商作为工作重点。同时根据各贸易商的交易情况和购买需求,筛选出有购买能力的贸易商作为合作的伙伴,并与其保持紧密的联系和沟通。

3)会展客户细分

通过集中所有参展客户的需求信息,如基本资料、信用状况、销售状况、客户价格管理状况、客户费用管理状况,会展企业可以对所有不同需求信息之间的复杂关系进行分析,按照需求差异进行客户市场的细分并描述每一类型客户的需求特征和行为模式。通过这样的工作,便于建立全面不同类型和级别参展商和组展商的客户档案,使会展企业的管理幅度逐步向最终客户延伸;另一方面,会展企业可以根据展会的主题定位,从中选择某些客户需求群体进行专门的市场营销举措。

4)客户数据挖掘

零散和支离破碎的客户信息是没有价值的,只有健全和持续的客户信息才有使用价值。要满足客户需求、提高客户满意度,必须深层次地理解、认识客户。在完成客户细分的基础之上,通过基于多种分析方法(决策树、遗传算法人、工神经网络、规则归纳等)的CRM数据挖掘功能模块,可以在深层次上进行反复的提炼和剖析,通过关联分析、聚类分析、偏差分析,让这些看似普通的客户资料信息中释放出关于客户需求和市场营销方面的更有价值的信息。"以客户为中心",为其提供先导性的优良服务。

5)会展客户预测

会展客户预测是通过分析目标客户的历史信息和客户特征,预测客户在本次会展活动中在各种市场变化与营销活动情况下可能的服务期望和参展行为的细微变化,以便作为客户管理决策的依据,同时也是进一步收集客户信息和需求的起点。

2.1.2 会展客户关系动态维护

客户关系生命周期理论是从动态角度研究客户关系的基础,分析客户关系不同时期的演变规律有利于展览部门针对不同时期特征的会展客户制定不同的维护策略:

1)考察期

关系的探索和试验阶段。在这一阶段,因为彼此之不是非常了解客户(参展商和贸易商)可能与会展公司相互进行考察,对方的实力、绩效和诚意,以及如果建立合作关系会为各自带来哪些收益,评估对方的潜在价值和降低不确定性,尝试性的开展几次合作。

2)形成期

关系的快速发展阶段。经过考察期的几次合作,会展公司为客户提供了较为周全的服务,客户在参展期间也表现出一定的实力,考察双方会相对比较满意,建立一种相互信任和相互依赖的关系,同时会展公司和客户在会展期间各自获得自己的收益,交往的深度和范围也日益增加,逐渐感觉到对方有能力提供令自己满意的价值(或利益)。

3)稳定期

关系发展的最高阶段。在这一阶段,会展客户双方会或含蓄、或明确地对持续长期关系作保证了能够保持长期稳定的合作双方都会在参会方面投入大量的资金和人力,会展公司会尽力策划高档次的会展,并指导客户参加对其效用最大化的展会,双方合作的依赖程度达到整个关系发展过程中的最高点,双方关系处于一种相对稳定的状态。

4)退化期

关系发展过程中关系水平逆转的阶段。由于会展企业和客户双方企业内部和外部环境的变化彼此之间的合作会逐渐减退。关系的退化并不总是发生在稳定期后的第四阶段,实际上在任何一阶段关系都可能退化,有些关系可能永远越不过考察期,有些关系可能在形成期退化,有些关系则越过考察期形成期而进入稳定期,并在稳定期维持较长时间后退化。

2.1.3　会展客户关系管理实施

1) 收集客户信息, 发现市场机遇

会展企业客户关系管理流程的第一步就是分析会展市场客户信息以识别市场机遇和制定投资策略, 策划有需求的会展活动和鲜明的主题。它通过客户资料获取、会展客户甄别、客户市场细分和客户数据挖掘等信息处理方法来完成, 同时该阶段处于会展企业和会展客户相对考察的期间, 只有通过深入的了解对方, 才可能最终达成初次合作的可能。

2) 制订客户方案, 定制个性服务

该阶段位于会展客户关系管理的发展阶段, 在全面收集客户信息的基础上, 预测会展客户的需求, 预先确定专门的会展活动, 制订服务计划。这就加强了会展企业营销人员以及会展服务团队在展前的有效准备和展中的针对性服务, 提高了会展企业在客户互动中的投资机会。在这一流程中会展企业通常要使用营销宣传策略, 向目标客户输送展会各项服务信息, 以吸引客户的注意力。

3) 实现客户互动, 追踪需求变化

这是会展企业借助及时的信息提供来执行和管理与客户(及潜在客户)的沟通的关键性活动阶段, 它使用各种各样的互动渠道和前端办公应用系统, 包括客户跟踪系统, 销售应用系统, 客户接触应用和互动应用系统。通过与客户的互动, 会展企业可以随时追踪有关参展商的需求变化以及参展后的有关评价不断修客户方案, 同时收集关系会展客户更多的信息和需求, 为下一次提供服务做准备。

4) 分析客户反应, 改善客户关系

这是会展企业通过与客户的对话不断学习的过程。会展企业通过捕捉和分析来自于客户互动中的数据, 理解客户对企业各项营销措施所产生的具体反应, 为下一个 CRM 策略的制定提出新的建议, 以此不断改善会展企业的客户关系。

2.2 接受客户预订

2.2.1 预订处理服务流程与规范

1) 制定预订工作规范

①公司参考同类会展的预订管理工作规范,并结合本次会展的实际情况,制定预订管理工作规范,报总经理审批。

②审批通过后,销售员开始执行预订管理工作规范。

2) 预订处理

(1) 到店预订处理

①客户到店,销售员应主动、热情打招呼。

②询问客户想要预订的展位、价位及要求等,查看预订表确认能否预订,如客户要求,可以带其参观展厅。

③若客户确认预定,请客户填写预订单,要求客户逐项填写清楚。

④客户填好后,销售员要仔细查看,逐项核对客户所填的项目,是否有需要补充的地方或不清楚的地方。

⑤客户预订完离开后,销售员要填写接待通知单下发给相关接待部门,请其做好各项准备。

(2) 电话预订处理

①销售员接到预订电话,应热情、礼貌地报出会展名称,并作自我介绍。

②询问客户想要预订的展位、价位及要求等,查看预订表确认能否预订。

③若能接受预订,销售员应与预订人详细确认各项信息,并填写预订单。

④销售员复述上面内容并向客户核对。

⑤核对正确后,销售员填写接待通知单下发给相关接待部门,请其做好各项准备。

(3) 电传、传真或信函预订处理

①销售员收到客户电传、传真或信函预订时,要了解电传、传真或信函的内

容、具体要求等。

②把客户的要求写在预订单上。

③及时向预订人了解所有费用的支付方式。

④如果客户资料不详细,要按来件上的地址、电传号码与客户核对。

⑤核对正确后,销售员填写接待通知单下发给相关接待部门,请其做好各项准备。

3)预订跟踪

①为了提高预订的准确性并做好接待准备,销售员在客户到达前要通过书信或电话等方式与客户进行多次核对,问清客户是否能够如期抵达,人数、时间和要求等是否有变化。

②客户预订如有变化,销售员要立即填写变更通知单下发给各接待部门。

2.2.2 取消预订处理服务流程与规范

1)接受取消预订

①接到客户或销售专员取消预订时,销售员应询问客户的姓名、取消原因等信息。

②找出客户的原始预订单,核对上述信息。

2)确认取消预订

①核实信息后,销售员填写预订取消单并在原始预订单上注明"取消"字样。

②对于付过预付费或订金的客户,要复印原始预订单和预订取消单,交财务处,按协议退还订金或取消预付费。

③查核取消预订的客户是否有其他业务,填写变更通知单,及时下发给有关部门。

④取消电脑中的预订,将取消预订的相关信息输入电脑。

3)存档

①销售员将原始预订单与取消预订单订在一起,注明取消原因及时间。

②按日期将取消单和原始预订单存放在档案夹中。

2.2.3 预订更改处理服务流程与规范

1)接受预订更改

①接到客户或销售专员更改预订时,销售员应询问要求更改预订客户的姓名基本信息。

②询问客户要更改的项目,如展区、展位、人数、付款方式等。

2)更改预订信息

①销售员根据客户提供的信息,找出原始预订单核实相关信息。

②先在电脑中查询房间预订情况,再确认是否可以更改。

③若展会还有可安排的满意展位,则可以为客户更改预订并填写预订单,在预订单上要记录更改预订的客户或销售专员的姓名和联系电话。

④若会展展位已订满,应及时向客户解释,告知客户预订暂时放在候补名单上或无法接受,当有空余展位时,会及时与客户联系。

⑤更改预订信息后要填写变更通知书,及时下发给相关部门。

3)存档

①销售员将原始预订单与更改的预订单合订在一起。

②按日期将更改的预订单和原始预订单存放在档案夹中。

2.2.4 特殊客户预订服务流程与规范

1)接受预订

①当客户要求进行预订优惠时,销售员应问清客户的身份、职位,若符合优惠条件(展会针对特殊客户有一定优惠政策,包括相对落后地区客户、同区客户、知名品牌客户等),应及时告知部门经理。

②经部门经理同意后,填写订单,在订单上填写客户的姓名、职位、公司名称等信息,若客户有特殊要求,也应在订单上详细注明。

③填完后,在订单上盖印章并输入电脑。

2) 核实

①要求对方在规定工作日内把相关优惠条件的证明送过来或传真过来。
②通过查询证实。

3) 落实展位

①查询展区展位图,确定可安排展位编号。
②电话沟通,通报可安排展位,协商确定。

2.3 主动销售服务

2.3.1 电话销售服务流程与规范

1) 做好相关准备

①准备好电话本等材料,了解客户性质,公司规模以及公司新闻,如果有渠道还有必要了解企业文化。在此基础上,实现与客户的首次电话沟通。
②做到语言大方、彬彬有礼、简短明了,切不可没完没了。
③一般不要提太多的产品知识,主要说明会展项目,个人介绍,以及通电目的。

2) 细分资料

通过互联网、报纸等媒介,对客户做全面的了解,找出有用的资料,在后期跟进中这些资料将起到很重要的作用。

3) 友情邀请

这是一个比较特殊的环节,很多公司没有做这方面的工作。在适当的时间可以邀请客户来公司参观,让客户对公司有一个更深入的了解。当然,邀请还不止来公司一种,可心邀请客户参加公司的旅游、酒会、聚会、新闻发布会等。

4) 征询目标客户的参展意愿

征询目标客户的参展意愿的目的是掌握展位销售信息。从事展位销售的业务人员,根据掌握的目标客户信息资料,通过电话逐一征询客户的参展意愿。业务人员应根据新老客户的不同特点,在电话征询中及时有效地宣传展览会。

对于新客户,应全面介绍展览会,以加深客户印象;对于老客户,则应重点介绍本届展览会的特点,以增进客户好感。客户在征询过程中显示的态度,无论有无意愿参加展览会,或表示当时不能明确表达意愿的,业务人员都应其视为正常的反映,并应从中捕捉有价值的信息。如对表示不参展的客户,应尽可能了解原因。这些原因一般包括:对展览会没有信心;公司没有参展预算;生产厂商与代理商意见不一致;与参加其他的同题材展览会在时间上发生冲突;对上届展览会的效果不满意;公司分管参展业务的人员已经调动;认为展位价格不合理,等等。

业务人员应针对客户反馈的意见,及时深入分析情况,确定应对措施,以争取进一步与客户沟通。对于有意愿参展或同意考虑参展的客户,包括愿意接受展览会信息的客户,业务人员应及时发送展览会参展邀请函,以便为下一步洽商并订立参展合同创造条件。发送展览会参展邀请函大都通过邮寄方式,也可通过网络方式。

5) 洽商并订立参展合同

洽商并订立参展合同,是展览会销售工作的关键环节。对于明确表示参展的客户,业务人员应及时与其洽商预订展位事宜。

洽商一般围绕两个重点进行:一是展位租金价格;一是展位在展览场馆的具体位置。对于明确表示参展的客户,业务人员应及时与其洽商预订展位事宜。对于展位价格,包括标准展位和光地的租金价格,基本是在参展邀请函公布的价格基础上进行洽谈。对于展位在展览场馆的具体位置,则是按照展览会组织机构事先确定的展位平面图,根据客户选择的意见预订具体位置。在中国,参展邀请函公布的展位租金价格与参展合同实际达成的价格未见得一致,后者一般低于前者。这在很大程度上,被认为是一种销售策略。但两者之间的价格差额,由展览会组织机构在销售工作展开前统一规定。有经验的展览会组织机构,通常会制定统一的最低展位租金价格,即销售底价,以避免组织机构内部的销售竞争。

此外,对长期合作的老客户,对租用展位较多的(或租用光地面积较大的)大客户,许多展览会组织机构都给予价格优惠,以利密切双方的商业关系。客户按照展位平面图预订展位位置,一般遵循"先订先得"的原则,即按签订参展合同的时间顺序,签订参展合同时间在前的客户,优先选择展位位置。

业务人员通过与客户洽商,在展位价格和展位位置两方面达成一致后,就可着手进行订立参展合同的工作。参展合同一般为展览会组织机构提供的格式合同,内容包括展览会名称、举办时间、地点、展览会组织机构和参展客户名称、预订标准展位个数或光地面积及其展位编号、租金价格与展位费总金额、付款方式等,并附展位位置图。根据客户要求,双方也可订立非格式参展合同。非格式合同约定的内容往往比格式合同更加细致,尤其在双方职责、违约处罚方面更加明确。

参展合同草案文本多用电话传真件或以网络邮件发送。双方正式签订的合同,也多用电话传真件发送,由双方作为法律文件各自保存。

6)收取展位费并提供售后服务

收取展位费并提供售后服务,是展览会完成销售工作的阶段。对于已经订立参展合同的客户,业务人员应按照合同约定,收取客户的参展费。如合同约定为一次付清,就一次性及时收取;如合同约定为先交付定金、订金或预付款,再交清余款,就分期收取。参展定金、订金或预付款,一般为合同总金额的30%。参展定金、订金或预付款,一般在参展合同签订后的一周或10天之内交付。交付参展定金或订金后的余款,一般应约定在参展前一个月付清。如客户未按合同约定交付参展费,展览会组织机构可将客户预订的展位销售其他客户,同时,可依据合同的处罚条款,不退还客户的定金或预付款。客户的参展费,一般通过银行转账支付;也有少数客户(多为小型企业,甚至个人参展者)用现金支付。

展览会组织机构按合同收取客户的参展费后,应向其开具发票(在中国,由政府部门组织的展览会,也可开具符合财税规定的收据)。客户按合同交付了参展费,展览会组织机构应按合同为客户提供售后服务。售后服务一般包括:在会报或会刊上为客户免费登载客户的简介和联络信息,提供参展服务指南、接受咨询,提供一定数额的会报、会刊、入场券,代客户联系酒店住宿、展品储运、展位装修,合同承诺的其他免费增值服务项目。

2.3.2 非电话销售服务流程与规范

1)发送资料

(1)传真推广

①使用专用的纸张,这样可以显示出展览组织机构的档次与职业风范,纸

张上要标有展览组织机构的名称、营销人员姓名、地址和电话号码。

②需要确认目标参展商联系人姓名、职务以及参展商名称的正确拼写。

③使用固定传真格式,在使用称谓时需要特别注意要有的放矢。

④正文应向目标参展商介绍展览组织机构、展览项目和营销人员的基本情况,以及展览内容和所提供的各种服务项目情况。

⑤群发传真,将招展和招商的信息快速、大量地传达至目标参展商。

(2)电子邮件推广

①精选拟发送邮件的地址。

②查验邮件地址的有效性。

③邮件主题要明确。

④内容要切入重点。

⑤注意邮件格式和礼貌用语。

⑥告诉详细联络方式。

⑦遵守职业道德与法律规定,以免出现被指控为传播垃圾邮件等不利后果。

(3)邮寄推广

①信首与信尾不宜含有大量营销信息,以免分散目标参展商的注意力,降低重要信息的识别率。

②篇幅简洁。

③使用问候语。

④使用标题和小标题。

⑤在信函中使用下划线和黑体字,强调重要内容引起目标参展商高度关注。

2)电话预约

①为表示礼貌和节约时间,销售专员应给初次接触的客户提前打电话预约,向客户介绍自己和所服务的会展项目,陈述打电话的目的,并且希望与其进行一次电话(客户同意会面后,要向其确认会面的时间、地点)。

②准备资料:客户资料、会展简介、会展宣传册、价格表、销售访问报告、名片、记事本等。

③准备洽谈提纲(问题、推销内容、推销方式等)。

3)实地拜访

①销售专员携带资料按约定的时间到达指定地点。

②向客户自我介绍并用双手诚恳地送上名片,说明拜访目的。

③向客户分发会展的宣传手册和其他宣传资料并介绍会展产品,以得体的言辞将自身产品的优势与对手产品的不足类比。

④尊重对方的谈话兴趣,尽量让对方多开口介绍自己的公司或个人,甚至可以谈个人兴趣爱好等,但注意适当控制谈话方式。

⑤尽量争取客户明确的预订或承诺并确定下次见面的时间、地点。

4)工作记录、落实

①拜访结束后,销售专员应整理访谈记录,写出销售访问报告。

②如客户预订,应立即交给会展相关部门处理。

③如果是有可能的预订,销售专员要记录在日历表上并在预订之前适时联络跟进。

④对拜访过的客户,销售专员应于第二天打电话或传真致谢。

2.3.3 销售订单跟进服务流程与规范

1)确认订单

①销售专员收到客户订单后,要详细查看,不能漏掉任何细节,特别是客户需求部分。

②销售专员填写内部预订通知单,通知接待部门准备预订事项。

③销售专员尽快以电话或填写订房通知单传真回复客户。

④接到客户更改、取消通知应及时通知有关部门并填写内部预订通知单。

2)跟进、落实订单

①销售专员要查询、督促接待部门落实订单各项要求。

②销售部门要密切联络客户,将客户要求更改或补充的情况及时反馈给接待部门。

③在接待过程中,销售专员要将客户的意见或建议及时反馈给有关部门进行改进。

④客户在消费过程中如有重大投诉,应及时通知有关部门并报告营销部经理,如解决不了,尽快向总经理请示处理。

⑤如因发生不可抗力事件而造成不能按客户要求完成任务时,应立即通知客户,做好解释工作,尽量取得客户谅解;如客户要求赔偿,尽快汇报给营销部经理;如事件重大,由公关营销经理请示总经理处理。

3)客户消费结束

①接待结束,销售专员做好结账跟进并热情送客。

②如是重大接待可报告营销经理一同上门回访客户,征询意见或建议,可适当送上致谢礼物。

③销售专员将客户的意见或建议及时反馈至营销经理。

④营销经理将客户意见反馈至有关部门或报告总经理。

⑤销售专员将接待资料、客户的建议或意见整理存档。

2.3.4 销售合同签订服务流程与规范

1)洽谈合同

①销售专员全面了解客户情况并主动拜访客户,向其介绍会展的情况。

②如客户预订,销售专员应与客户就双方合作义务、责任与价格达成共识。

2)制作合同

①销售专员根据洽谈结果,出具公司制定的标准制式合同,其中应包括合同执行日期、展位、承租人的目的、展位费付款方式、相关责任义务等,报项目经理审批。

②审批同意后,销售专员将合同草稿制作成合同文本。

3)签署合同

①销售专员将合同递交销售主管及部门经理签批盖章后,由合同承租人签字盖章。

②合同签署后,双方按照合同约定执行。

4)合同存档

①销售专员按会展有关规定建立合同台账登记。

②销售专员将合同正本送财务部,合同副本送交客服部,本部门留底存档。

2.4　展会代理商服务

展会代理商是代理展会主办方招展,吸引参展商和专业观众参加展会的一类企业。展会代理商提供的是对参展商或专业观众的服务,服务的竞争力就是展会代理商的生命线。然而目前展会代理行业大多提供同质化的服务,无法识别消费者的期望价值,造成低价竞争的格局。要改善这样的局面,展会代理商首先要提供顾客期望的服务内容;其次要达到顾客期望的程度,总体上提高顾客对展会代理商服务的满意度,这样才能打造服务竞争力。

2.4.1　展会前服务

①提供与展会相关的信息咨询服务。
②专业的摊位设计和搭建。
③展前观众邀请。
④与展会相关的网页开发制作和信息发布。
⑤提供商务邀请函。
⑥展会期间酒店或公寓的预定。
⑦展览咨询并预订展位。
⑧展品运输。
⑨协助办理商务签证。
⑩胸卡设计和印刷。
⑪会展培训。
⑫触摸屏系统设计和制作。
⑬调查问卷的设计和印刷。
⑭境外保险。

2.4.2　展会中服务

①现场接待和组织管理。
②观众信息的采集、录入、处理。
③食宿安排(包餐和送餐服务)。

④车辆安排(机场接送、展品运送)。

⑤展会期间的多媒体宣传及洽谈会。

⑥展会期间商务活动安排。

⑦现场分析报告制作。

⑧大会、研讨会出入口门禁管理。

⑨专业翻译。

⑩代为接收寄存展品。

⑪现场观众胸卡制作。

⑫现场触摸屏导览系统。

⑬鲜花植物。

⑭观光考察行程安排。

2.4.3 展会后服务

①展会统计分析报告。

②展会相关数据处理。

③展后相关企业洽谈。

④展会回访专业观众。

⑤展后信息管理。

⑥建立行业信息中心。

⑦展后商务考察安排。

⑧普通观众展后访问。

2.4.4 展会代理商管理

1)以科学的数据库管理和信息咨询服务能力为主轴

在展会相关的信息咨询、观众信息的采集、录入、处理和展会统计分析报告等数据和信息咨询领域都是参展商最为关注的激励因素。展会代理商目前应该注重展会产品数据库、客户数据库和参展观众数据库的建立。从展前提供合适的产品,到展中观众信息的记录,再到展后数据分析对企业展后行为的建议,都要以信息化和科学的数据分析为支撑,这是参展商取得满意,得到参展收益的重要法宝。

2)打造展会辅助性特色服务

有些展会辅助性的服务如展台设计搭建、展品运输、媒体宣传等也是比较重要的激励因素。展会代理商应该尽量给客户提供一站式服务,在这些方面精益求精,这些服务可能会成为展会代理商的一些特色服务,带给展会代理商意想不到的竞争优势。励展博览集团自身经营着世界著名的商业出版社,每次代理企业出展都通过媒体大肆宣传造势,其代理的展商往往人气很旺。斯诺博展会服务公司代理提供的展台设计,搭建的特装方案也为其提供了很大的利润空间和特色竞争力。

3)展会延伸服务的合作伙伴的服务质量控制

展会代理商对于大量的延伸服务采取分包的模式,如食宿、车辆安排等,这些延伸服务往往不是参展商本身提供,但却是非常重要的保健因素,不加控制会引起展会代理商的不满。在出国展中,很多参展商不愿再次参展就是因为展会代理商的业务伙伴提供的服务让人失望。展会代理商必须建立合作伙伴数据库,建立严格的供应商筛选体系,对其进行服务业绩考核,筛选出越来越优秀的延伸服务提供商。

4)增值服务为法宝

增值服务一向不被展会代理商所重视,但在研究数据中显示增值因素的保健功用非常突出。展会代理商应该告别功利性的服务方式,相反,应该给参展商传递更多的感知价值,在展后对参展商提供分析报告、展后回访、信息发布等一系列增值服务,建立和参展商良好的长期关系。

测　评

【真实任务】

2011年2月10日,哈尔滨市民阎宏毅等10余名消费者反映:2010年底,他们参加了在哈尔滨国际会展体育中心举办的一次家居建材家电团购会,在会上定购了"香坊区博熙实木家具店"的家具。可货款交了,却始终没人送货。春节前,他们才得知这家公司已人去屋空,货款也不翼而飞。

1.市民早已交齐全款,"博熙"却"蒸发"了

据道里区运华广场的居民阎先生介绍,2010 年 12 月 3 日,他参加在哈尔滨国际会展体育中心举办的一次家居建材家电团购会展销时,选购了一套参展单位为"哈市香坊区博熙实木家具店"的 F807 皮沙发一套,当场交定金 2 000 元。5 日,他到该展位交足余款和运费,共计 5 420 元。在现场,博熙实木家具店的营业员郎某告诉他,该店在位于香坊区珠江路的"名流国际家居装饰博览中心"内有固定摊位,同时出示了"哈尔滨名流爱心家居商品订货/销售合同单"。双方在合同中约定,交货日期为 30 天左右。

2010 年 12 月 28 日,阎先生致电"博熙",郎某称货物运到后会告知他。次日,郎某告诉他,在 2011 年 1 月 4 日左右到货。当过了约定日期后,双方通了10 余次电话,最终约定 1 月 31 日 11 时送货。可在家等了一天,阎先生也没有等到沙发。

2011 年 2 月 1 日,阎先生再次致电"博熙"时,发现电话无人接听。当天,他便来到了"市名流国际家居装饰博览中心",却看到 402 室、403 室空空如也。

2.受骗者找相关部门,却始终没得到说法

阎先生介绍,当时他发现上当了,就立即到 7 楼找到了"名流"市场部宋经理。宋经理告诉他,"博熙"商家已经跑了,建议他到工商部门报案。随后,阎先生来到香坊区建北工商所,工作人员答复,现在企业负责人已找不到了,超出了工商部门的职权,他应到所辖派出所报案。之后,阎先生又找到国际会展中心派出所,负责接待的由警官告知,"博熙"家具店有在工商局注册,该事件不符合立案要求。据了解,消费者张女士与阎先生有同样遭遇,她花 4 600 元钱订了套沙发,发现上当受骗后,找到了相关管理部门,可始终没得到说法。

【任务要求】

请结合所学课程,分析如何确保展位销售对象的合法性、真实性。

项目3
外联服务

【任务目标】

1. 了解不同外联业务的类型；
2. 理解市场计划制订、广告策划、展会促销、新闻发布会举办、宣传资料发放、参展商和办展机构后续跟踪服务的相关工作流程和规范；
3. 能够提供相关外联活动的服务；
4. 掌握外联活动服务的一般程序。

外联部(公关部)在企业主要负责会展项目宣传推广、公关策划、VIP 客户邀请、招标商邀请等工作。

外联部员工的职位职责包括:

①独立完成会议和展会的全案策划。

②负责会展的前期准备、会展效果、后期撤展、会展信息收集等各项工作。

外联部员工的基本要求包括:

①熟悉展览策划、执行流程,有会展活动策划筹备经验。

②具有一定的会议策划组织经验,处理突发事件有一定的经验和方法。

③有较强的沟通和协调能力及敏锐洞察力。

④具有诚信、勤奋、责任感,承受压力能力强。

【案例导入】

某国产品牌于 2009 年 10 月 16 日召开了一场新闻发布会。活动场地选择在当地的一家知名宾馆,可偌大的宾馆外除一条横幅别无他物。这条横幅长约3 米,宽约 60 厘米,悬挂在大约 5 米的高处,需抬头仰视,而且与酒店高大宽阔的大堂门形成强烈反差,稍远一点看就像是一条红丝带,相当小气,很难引起注意。酒店只有大堂中央立着一块高约一米,宽 60 厘米的水牌,标注会议举行的具体地址。会议室门口也没有礼仪小姐迎宾。邀请函上写着 9:00 开始,可9:10了,现场还在调试音响、话筒、投影仪,宾客来了也没有专人接待,现场秩序混乱。9:30,活动终于开始了。公司领导致辞显然是没有经过准备的,产品介绍的时间仅是他宣传自己家乡风土人情的1/5。整个活动的举办过程中都只能看到两家当地报刊机构的两个摄影机在摄像,其他媒体均没看到,现场也再无其他的媒体采访或互动活动。由于设备是临时配备的,因此当有客户提问时,一个话筒就显得捉襟见肘,满场传递,浪费了不少时间,使得整个发布会也显得冗长拖沓。10:30,一个新闻发布会就草草结束了。

【案例点评】

新闻发布会是企业与外部公众沟通的重要形式之一。本案例中的新闻发布会的失败之处就在于,没有事先对整个新闻发布会的各个环节和流程进行科学的策划和落实,导致整个新闻发布会的氛围营造不够,接待服务空缺,设备服务不到位等问题。

3.1 市场计划制订服务流程与规范

3.1.1 市场调研

①外联部对会展项目的环境和状况(如会展项目的地理环境及周边环境、会展的特色及市场形象、总的服务质量状况及接待能力、员工素质及服务能力、优势和劣势等)进行市场调研。

②对竞争对手情况(如竞争会展项目参展商数量、展会成交额、VIP招标商数量、客户满意率等)进行市场调研。

③对宏观环境(如国家经济状况、地区投资项目情况及发展可能性等)进行调研。

④通过市场调研确定目标市场。

3.1.2 设定营销目标

①公关营销经理根据调研结果,确定会展营销计划的财务目标,包括会展全年的总营业额、毛利额、利润等。

②确定会展营销计划的营销目标,包括年度营业额、展位价格、市场份额及会展知名度、美誉度等。

3.1.3 制定会展营销战略

①公关营销经理与会展领导及其他部门围绕产品、价格、渠道、促销等营销组合因素讨论如何实现营销计划目标。

②营销经理根据讨论结果制定会展营销战略,报总经理审批。

3.1.4 制订市场营销计划和预算

①公关营销经理根据会展营销战略制订会展营销计划,具体内容有销售计划;本年度会展营销的优势、劣势、机会、威胁;市场营销目标;市场营销组合;具体的政策与活动等。

②公关营销经理还应根据营销战略和会展年度财务预算编制销售变动费用和固定费用的预算。

3.1.5 营销计划执行的控制

①在整个计划实施过程中,会展各部门将营销计划规定的目标和预算按月份或季度进行分解,便于会展上层进行有效的监督和检查。

②通过监督和检查,外联部可以督促未完成任务的部门改进工作,以确保会展营销计划的顺利完成。

3.2 广告策划服务流程与规范

3.2.1 市场分析

1)营销环境分析

①分析会展企业在市场营销环境中的宏观制约因素。
②分析市场营销环境中的微观制约因素。
③分析展会市场概况,包括市场规模、市场构成、市场特性。
④营销环境分析总结。

2)参展商与参展观众分析

①分析参展商和参展观众的总体消费态势。
②现有参展商和参展观众分析,包括消费行为、态度等方面。
③潜在参展商和目标观众分析。
④分析总结。

3)会展产品分析

①会展产品特性分析。
②会展产品生命周期分析。
③会展产品品牌形象分析。
④会展产品定位分析。

4)会展企业与竞争对手的会展广告分析

①会展企业和竞争对手以往的广告活动的概况分析。
②会展企业和竞争对手以往广告的目标市场策略分析。
③会展企业和竞争对手的会展产品定位策略分析。
④会展企业和竞争对手以往的广告诉求策略分析。
⑤会展企业和竞争对手以往的广告表现策略分析。
⑥会展企业和竞争对手以往的广告媒介策略分析。
⑦会展广告效果分析。

3.2.2　拟定广告策划方案

1)拟定草案

①公关主管根据会展的市场计划和目标拟定广告策划草案(包括市场调查与预测、广告战略和策略、宣传媒体的选择以及费用预算等),报公关营销经理审批。
②公关营销经理审批通过后,广告策划专员开始组织实施广告策划方案。

2)实施广告策划方案

①公关主管组织市场调研专员、广告策划专员根据广告策划方案开展市场调查,对会展的营销环境、消费者、会展的产品及服务、竞争对手的营销状况、企业及竞争对手的广告进行分析。
②根据市场调查的结果和会展的营销计划,公关主管确定广告的目标和主题并构思出广告创意。
③将广告创意交给广告公司,请其将广告创意具体化、直观化、形象化,进行广告文字及广告画面的设计、绘制、拍摄及配制音响、音乐,最终合成为广告成品。
④将设计正稿交给公关营销经理、总经理审批,审批同意后正式开始制作。
⑤联系有关媒体(选择广告媒体时应着重于媒体的知名度、发行量、客户群、媒体风格以及传播渠道、手段和媒体报价等因素)落实发布广告具体事宜。

3)广告效果评估

①广告发布后,广告策划专员要从广告销售效果和广告本身效果两个方面

进行广告效果的评估。

②通过对广告效果的评估,公关主管总结此次广告策划的经验和不足,为下一次广告策划提供有效的信息。

3.3 大中型展会促销活动安排服务流程与规范

3.3.1 拟定活动方案

①外联部等部门提出大中型展会促销活动创意和初步活动方案,报总经理批准。

②总经理召集各有关部门经理召开专门会议,研究参加同类展会促销的可行性,具体内容有活动目的、预订规模、活动方式、工作步骤、所需资金、预期效益等。

③若该活动可行则由总经理召集外联部、会务部、客服部等有关部门经理召开专题会议,共同分析该活动可能达到的规模、客源组织方法、客源多寡、工作步骤等。

④项目经理根据专题会议的讨论结果拟订大中型促销活动的具体方案,报总经理审批。

⑤根据方案,各部门抽调人员组成临时工作小组,落实有关责任。

3.3.2 实施活动方案

①根据举办时间、举办地点,由公关主管负责场地准备,如餐饮、宴会厅等。场地准备要明确场地使用时间、场地布置要求等,以保证活动的需要,同时又尽可能不影响举办前的正常营业。

②根据活动内容、活动方式和场地布置要求,公关主管、美工与工程等有关部门共同研究,拟订环境布置方案。具体环境布置应根据活动内容、活动方式和布置方案而确定,务必做到环境布置与促销活动内容、形式、性质相符,保证环境美观、典雅、舒适,对前来参加的客户有形象吸引力。

③促销活动举办前一天或当天上午,总经理、外联部、会务部和其他相关部门的经理共同检查活动场地卫生、设备布置、环境布置、桌椅摆放等是否符合要求。若存在问题,应及时提出改进措施,迅速督导落实,保证促销活动如期

举行。

④根据促销活动的需要,公关处提出在报纸、电视、电台上做宣传广告的方案,并与有关媒体取得联系,确定宣传方式、宣传稿件,了解宣传公关所需费用、分析预期效果,并将广告宣传方案与费用预算向总经理汇报,经审批同意后,落实具体方案:

a. 提前15~30天进行活动的广告宣传,正式活动前7~10天,完成广告促销工作,取得必要的广告宣传品的效果。

b. 会展大中型促销活动以内部宣传画、招贴画、活动告示牌、门前彩旗、横幅、会标等广告宣传为主。具体工作由外联部公关主管、广告策划专员与有关部门经理协商,提出设计方案,制作出各种宣传品,在活动举办前3~5天完成。

c. 宣传画、招贴画等应在会展门前、电梯内、举办场地门前等适当场所张贴、悬挂,以烘托活动气氛,扩大宣传效果。

⑤根据会展大中型促销活动的需要,外联部公关处拟订邀请来宾名单和设计出邀请函件,还可以直接打电话询问,邀请客户参加。

⑥促销活动举办当天,公关处落实具体接待人员以迎接客户的到来。接待人员应主动引导客户进入活动场所。

⑦活动开始后,外联部公关处每天与有关接待部门根据活动方案做好客源组织、客户接待服务等工作,以满足客户的消费需求。

⑧活动中,公关处和接待人员应随时征求客户意见,改进服务质量,力争获得良好的经济效益和社会效益。

3.3.3 活动结束

①活动结束后,公关处送客户离开,必要时可安排送客车辆。

②公关主管写出活动总结报告,总结此次活动的经验,分析存在问题,提出改进措施,推动会展公关促销活动的发展。

3.4 新闻发布会组织服务流程与规范

3.4.1 拟定新闻发布会实施方案

①公关主管拟订新闻发布会实施方案,确定新闻发布会日期、地点、新闻

点、组织者与参与人员(包括广告公司、领导、客户、同行、媒体记者等)、会议议程、预算等内容,报公关营销经理、总经理审批。

②公关主管根据意见修改方案,审批通过后开始实施。

3.4.2 进行前期"酝酿式"的造势报道

此时是会展活动的筹备阶段,也是相关媒体对会展类新闻进行"酝酿式"的造势报道的前期阶段。媒体所做的工作用广告业界流行的话来概括就是"广而告之"——将会展活动广泛的告诉读者。对相关会展活动进行适当性的揭秘性报道或者是充分地预告性报道,吊足读者的胃口,酝酿出公众对会展活动的高度期待。这里的"造势"指的是对会展的前期宣传,包括主题内容的宣传和相关服务信息如交通、路线、天气、门票等的宣传。媒体充当宣传的角色向广大读者群体报道会展的相关信息,提供详尽的会展服务信息,以期在激起读者的"会展欲"的同时又为读者提供快捷便利的"直通车道"。说它"酝酿式"指的是,只有前期的宣传到位,会展期间才会出现"人山人海、车水马龙"的之盛景,这便为会展期间的报道工作做了一定的铺垫。

3.4.3 准备工作

①公关处按照邀请名单发送邀请函和请柬,确保重要人员不因自身安排不周而缺席发布会。

②回收确认信息后,制定出详细的参会名单。

③通知会务部等相关单位按照新闻发布会实施方案做好接待准备。

④准备纪念品,设计新闻发布会背板、横幅、标牌、指示牌等。

⑤布置会场,确保桌椅、音响、放映设备等准备齐全。

⑥确定新闻发言人,准备好发言稿。

⑦准备发布会新闻稿。

⑧正式发布会前一到两个小时,检查一切准备工作是否就绪。

3.4.4 接待工作

①与会人员到场后,公关处工作人员引领其入座并分发新闻稿。

②发布会期间,公关处美工适时进行拍照。

③公关处可选择重点媒体记者进行沟通,必要时安排其进行独家采访。

④公关处为与会人员安排工作餐并发送纪念品。

3.4.5　进行中期"覆盖式"的详尽报道

此时是会展活动的进行式阶段。也是相关媒体对会展类新闻进行"覆盖式"的详尽道的中期阶段。

首先,相关媒体得对会展活动的开幕式进行及时报道,开幕式是会展活动的亮点之一,可以对之进行浓墨重彩的报道,也可对之进行独具匠心的特色报道。如南昌媒体关于南昌第 22 届菊花展的开幕式报道,配有各种菊花的精彩图片,给当地市民很强的"观看欲"。

这里的"覆盖式"指的是报道的角度要密集而广泛,在可能范围之下追求"面面俱到",并且要做到客观报道。不仅要报道相关活动、会议、参展商、参展游客,还要善于从新颖的、别致的、独特的角度来采写会展报道,不单要进行跟踪报道、集中报道、亮点报道,还需进行细节报道、侧面报道甚至有时候还可能涉及负面报道,如城市卫生问题、公民素质问题、会展服务问题等。如《南昌日报》对第五届中国中部投资贸易博览会的相关报道报道,专门开辟了三个版面集中报道。

除了对会展活动进行常规式报道外,还可以另辟蹊径,进行创新报道。如北京《法制晚报》一篇关于家博会的《创新之举备受关注》从万人团购会这一"创新点"入手,读来颇有情趣。《东南商报》2010 年 4 月 11 日的《家博会世博元素受宠》把家博与世博相关元素相联系,给人耳目一新的感觉。《中国贸易报》上题为《家博会:撩开"展览面积不缩水"面纱》的深度报道,揭秘了会展"永葆青春"的秘方,给人知识性的同时又不乏深度性。《安徽市场报》2009 年在家博会开幕第二天,一篇名为《合肥家博会冷思考》的新闻,从人气下降、外商减少、没有本土品牌这三方面对正在进行的家博会进行了揭露性与反省式的"冷思考",是一篇典型的负面报道。

3.4.6　会后工作

①发布会结束,公关处送与会人员离开,必要时安排送客车辆。

②公关处与记者保持联系,追踪媒体报道情况,上报会展领导。

③整理发布会音像资料、收集会议剪报,制作发布会成果资料集(包括来宾名单、联系方式,发布会各媒体报道资料集、发布会总结报告等),作为会展外联部资料保存,并可在此基础上制作相应的宣传资料。

3.4.7 跟进后期"总结式"的后续报道

此时是会展活动的结束阶段。也是相关媒体对会展类新闻进行"总结式"后续报道的后期阶段。这里的"总结式"指的是媒体对整个会展活动做一个概括性的综述,通俗地讲就是对会展活动进行总结。

后续报道还讲究深度和广度,在这段时期内,记者有充足的时间来仔细反省这整个会展活动,可以对热点话题进行拓展式挖掘报道,让读者在大量事实上预测其强劲发展趋势;也可以对相关问题做一定反思和总结,以起到媒体社会监督的作用,有的时候,还可以针对会展的热点议题做后续的延伸采访等。这种后续报道可使得会展报道更加全面、完整,也是读者提高思想、扩展深度的一个途径。

3.5 宣传资料制作发放

3.5.1 设计宣传资料

①公关主管与有关部门经理协商,提出设计要求。

②广告策划专员设计文案,包括表现形式、文字等内容,报公关主管、公关营销经理审查。

③公关主管、公关营销经理提出修改意见,广告策划专员据此进行方案修改。

3.5.2 制作宣传资料

①公关主管组织联系广告公司或印刷公司制做宣传材料,询问价格,签订协议,报总经理审批。

②广告公司或印刷公司根据文案制作出样本或录像样本,公关主管审核后报公关营销经理、总经理审批。

③根据公关营销经理、总经理的审批意见,公关主管组织与制作单位沟通、修改,直至公关营销经理、总经理审批通过。

④制作单位根据公关主管确认的样本进行制作,且保证与样本质量一致。

⑤公关主管如发现与样本不一致或其他问题,必须请制作单位进行修改,确保宣传品色彩、样式、纸张、文字排版等方面均达到最佳效果。

3.5.3 发放宣传资料

①会展宣传册和有关宣传品制作完成后,公关处应分别送到相关展览业务部门、代理商等部门,由销售员向客户发放,或由客户自取,也可通过客户信息数据库邮寄赠送。

②余下的宣传册和宣传品由公关处统一进行保管,安排到其他同类型展会、国内外其他地区拜访推销发放。

3.6 国内外同类展会促销服务

3.6.1 挑选同类展会

①公关主管与有关部门经理协商,挑选与公司会展项目同类型主题展会。

②部门经理就同类展会选择提出方案,包括备选名单、选择理由等内容,报总经理审查。

③总经理提出修改意见,部门经理据此进行方案修改。

3.6.2 制订赴外计划

①组成同类展会促销小组,指定相关负责人与小组成员。

②明确出行时间,确定相关分工与责任。

③明确时间进度表。

④及时预订机票(火车票、汽车票等)、酒店房间。

3.6.3 挑选合适国际商旅公司

①经验丰富。应挑选经验丰富、讲求信誉的商旅服务公司、凭借他们对商旅服务丰富的经验和过往的服务业绩,能使团组获得满意的服务。

②质量保证。应认真审阅商旅服务公司的"报价表"和"确认书与协议

书",弄清楚所提供服务的全部内容和标准,是否符合需要,谨防不清不明或遭受欺骗。

③网络强大。应挑选那些在访问国和地区有分公司或办事处或强大网络的商旅服务公司。因为网络强大的商旅服务公司,可根据团组的各种实际要求和变化适时进行调整和重新作出安排,以确保团组商旅活动的顺利进行。

④能力超卓。应挑选既能接待商务旅行,又能安排商务活动;既能提供商务邀请,又能协助签证办理;既能帮助购买国际机票,又能协助出境通关的商旅服务公司。因能力超卓的公司可以帮助减轻团组操作时的工作难度,并大大加快团组操作的工作进程和提供工作上种种便利,以达到事半功倍的成效。

⑤权益保障。应挑选国内正规的国际商旅服务公司。如果是国外的商旅服务公司,最好是在国内有正式注册的分公司或办事处,以确保团组交与该公司承接后一旦"货不对版"或出现什么问题或发生什么事,都可以有效地进行追讨和处理,或通过法律途径解决。此外,在与商旅服务公司签署"确认书与协议书"时,还要特别注意附属条款中的"保险"问题。因为团组一旦出国,无论是在航空旅程中,还是在陆路旅程中,会不会发生意外,如航机失事、车辆翻覆、突发疾病、遭遇劫窃等,谁也说不清或不敢肯定,因此"保险"条款中一定要有上述问题的责任说明。

3.6.4　制作宣传资料

①公关主管组织联系广告公司或印刷公司制做宣传材料,询问价格,签订协议,报总经理审批。

②广告公司或印刷公司根据文案制作出样本或录像样本,公关主管审核后报公关营销经理、总经理审批。

③根据公关营销经理、总经理的审批意见,公关主管组织与制作单位沟通、修改,直至公关营销经理、总经理审批通过。

④制作单位根据公关主管确认的样本进行制作,且保证与样本质量一致。

⑤公关主管如发现与样本不一致或其他问题,必须请制作单位进行修改,确保宣传品色彩、样式、纸张、文字排版等方面均达到最佳效果。

3.6.5　赴外参展

①准备好相关证件、促销材料,并一一核对。

②提前出行,确保赶上所要乘坐的交通工具。

③提前到达会展目的地,了解情况。

④搭建展台,或布置相关展位。

⑤完成现场促销碰头会,商定相关促销计划。

3.6.6　现场促销

①完成现场促销碰头会,根据现场情况,执行相关促销计划。

②发放宣传资料,向经过展位的客户介绍情况,交换名片。

③主动出击,寻找潜在客户,交换名片。

3.6.7　总结

①上交名片,并输入数据库。

②总结促销情况,提出改进建议。

3.7　后续跟踪服务

3.7.1　参展商的后续跟踪服务流程与规范

1)致谢

①会展闭幕后,抓紧时间向提供帮助的单位和人员致谢。即使不准备再次参展,也要对给予帮助和支持的人表示感谢。

②对参观展会的 VIP 客户,应发函致谢。

2)宣传

①举行记者发布会或发新闻,将有关情况提供给展会和新闻界,进一步扩大影响。

②举行联谊活动。与客户进行互动交流,邀请企业去企业实地考察。

3)更新客户名单

①及时更新调整新的客户名单,建立新的客户数据库。

②巩固客户关系,拜访客户,争取达成一定交易。

4) 跟踪拜访

①直接邮寄。首先感谢客户光顾展位,其次强调一些自己企业和产品的优势,信的末尾可以许诺在不久的将来将会与其有进一步联系,作为细节服务可以在信内附寄一个邮资已付的回执。接下来再按照计划向客户定时邮寄一些材料,包括新闻稿、产品说明书和促销宣传单等。

②电话营销。

a. 挑选了解工作目的,掌握打电话技巧的人去完成这个任务。

b. 对客户表示感谢。

c. 介绍产品及其特点。

d. 询问对方是否需要订购产品或服务。

e. 邀请参加一些特殊活动或约定见面时间。

f. 不断强调公司名称。

g. 对在电话中不能立即答复的问题,应记录下来并尽可能在 24 小时内给予解决。

h. 对向客户的许诺必须记录在案,并认真贯彻,定期派监督人员检查。

③个人拜访:约好时间。

④展后总结。

3.7.2 办展机构的后续跟踪服务

1) 补充完善参展商和观众的信息数据库

①会展闭幕后,抓紧时间补充完善目标参展商数据库,并重新建立潜在客户数据库,增加相关信息,主要是企业参展信息,包括企业参展时间、规模、展位和展品、展会销售业绩、媒体和观众对该企业和展品的反应、参展商对展会的建议和意见等。

②补充完善观众数据库,如观众数量、观众购买意向与成交记录等。

2) 收集意见和建议

①通过电话调查、问卷调查、现场访谈等方式收集。

②内容主要集中于会展主题的体现问题、交通问题、会展服务问题。

3）及时通报会展信息

①及时更新完善会展专业网站，保证信息通报的连续性。

②信息内容包括：会展历史和主题、会展效益、会展相关活动效果、展馆及展位预定情况、项目成交情况、招商引资情况、咨询服务等。

4）保持长期情感联系

同参展商保持密切的联系，通过各种方式加强情感联络。

测　评

1. 市场调研的内容有哪些？
2. 广告策划的营销分析包含哪些内容？
3. 会展企业与竞争对手的广告分析内容有哪些？
4. 大中型展会活动的实施方案内容是什么？
5. 召开新闻发布会前的准备工作主要内容有哪些？
6. 国内外同类型展会的促销服务流程是什么？
7. 怎样为参展商和参展机构提供后续跟踪服务？

项目4
客服服务

【任务目标】

1. 了解客服工作流程与规范;
2. 掌握客户沟通基本技巧;
3. 掌握礼宾服务、商务服务等技能。

会展客服是会展企业做好售后服务的重要环节。负责接待(参加展会)客户、介绍产品等工作。担负着宣传和教育的职能,同时要能有效地组织引导观众参观,此外还担负着协调处理、写作研究等工作。

西方学者认为服务就是 SERVICE,而每个字母都有着丰富的含义:

S——smile(微笑):其含义是客服专员应该对每一位宾客提供微笑服务。

E——excellent(出色):其含义是客服专员将每一服务程序,每一微小服务工作都做得很出色。

R——ready(准备好):其含义是客服专员应该随时准备好为宾客服务。

V——viewing(看待):其含义是客服专员应该将每一位宾客看做是需要提供优质服务的贵宾。

I——inviting(邀请):其含义是客服专员在每一次接待服务结束时,都应该显示出诚意和敬意,主动邀请宾客再次光临。

C——creating(创造):其含义是每一位客服专员应该想方设法精心创造出使宾客能享受其热情服务的氛围。

E——eye(眼光):其含义是每一位客服专员始终应该以热情友好的眼光关注宾客,适应宾客心理,预测宾客要求及时提供有效的服务,使宾客时刻感受到客服专员在关心自己。

客服部员工的职位职责包括:

①迎接和招呼顾客。

②提供各种相应的服务。

③回答顾客的问询。

④为顾客解决困难。

⑤以最佳的情绪和态度对待顾客的各种不稳定情绪。

⑥及时处理顾客投诉,并给客人以令人满意的答复。

客服部员工的基本要求包括:

①表达沟通能力强,能吃苦耐劳。

②具有较强的市场意识、敏锐的行业分析能力。

③了解服务对象,选择讲解重点,力求讲解声情并茂,生动感人。

④在宣传接待过程中做到举止端庄,语言文明礼貌待人。

⑤普通话标准、有亲和力,善于讲学、演讲。

【案例导入】

2006 年 8 月 10 日,某报刊登了《"实体企业"印成"尸体企业"》的报道:一单位放在展览会上用于宣传企业形象、协助业务工作的展刊内容,有多处令人啼笑皆非的"错处",比如经理姓"缑"被写成"猴","实体企业"又成了"尸体企业",联系电话也写错了,另外还有5处语法及常识性错误。

4月26日至28日,南京国际展览中心举办了一个关于船舶方面的展览会,承办单位是南京某会展服务有限公司(以下简称会展公司)。北京船舰船用材料设备有限公司(以下简称船用公司)在2006年3月接到邀请函,并一共交给会展公司5 000元参展费。然而到了4月26日即展会的第一天,船用公司发现会展公司制作的《2006年第二届船舶工业展览会会刊》中参展企业介绍的第六页关于船用公司的简介内容存在诸多错误。

船用公司代理人称,当时发现错误后立即与会展公司的一名经理联系,并提出了解决方案,将发出去的会刊一部分收回,然后将正确的简介重新打印一份,粘贴到会刊相同的地方,这样再发出去。但这位经理不仅拒绝道歉,且拒不实施这种方案,造成无可挽回的影响。现在,船用公司不仅要求会展公司书面道歉,在专业媒体发表更正声明,还要求会展公司赔偿5 000元。

会展公司的代理人对自己的错误全部承认,但同时又提出对更正错误已作出了努力:一是收回了全部会刊,在原文上对其中3处重要错误用手工进行圈改,然后发了出去;二是4月27日已在公司网站发表道歉声明,并作出更正,表示公司将加强业务学习与培训,杜绝类似事件发生。代理人还提出,当时他们要求各公司以电子文档的形式发过来,但是船用公司是以传真的形式发过来,结果导致文员录入错误。况且赔偿5 000元不合适,因为船用公司来参展,会展公司已花去了不少费用,根据计算可以退还500元。

对此,船用公司一一进行了反驳。首先,用钢笔进行圈改本身已不严肃,同时更会引起人的误解,对这家公司会更加瞧不起;其次,在自己网站上道歉,就比如关起门来说声"对不起",外面的人谁也不知道;再次,会展公司提出赔偿500元是以自己的利润为基础,而这起名誉侵权案的赔偿与此毫无关系。

法院经过审理后认为,这些错误使内容前后不通,使人看后产生歧义,这足以导致他人对原告商业信誉、经营道德等方面评价的降低。最后判决如下:一、会展公司自本判决生效之日起10日内,在《中国船舶报》上刊登更正声明(内容须经法院审核),恢复名誉,消除对船用公司造成的不良影响;二、会展公司自本判决生效之日起10日内向船用公司书面赔礼道歉;三、会展公司自本判决生效之日起10日内,赔偿船用公司5 000元。

【案例分析】

会刊是会展为参展商提供的一项宣传服务,一般收录的参展商信息有:单位名称、地址、联系人、联系方法,如电话、传真、电子邮件和网址,单位及产品简介、产品主要面向的市场范围等,同时还会标明参展商在本届展会的展位号以便观众寻找。此外,很多参展商在会刊里专门刊登企业或产品广告。会刊一般还会附上展区和展位划分平面图。

会展企业制作会刊前对参展商提出的要求:

1. 会展企业应要求所有的参展商在规定的时间内提供登录会刊的有关信息。

2. 各参展商提供的资料必须真实可靠并且文责自负,会展企业只负责照样刊登。

3. 会展企业必须对所有参展商的信息进行仔细核对,不能出现与参展商提供的信息不符的错误。

4.1 礼宾服务

4.1.1 场站接待服务流程与规范

1) 准备工作

①机场代表了解和获取第二天抵达参展客户的名单;了解是否有 VIP 客户或需照顾的客户。

②掌握次日抵达参展客户的姓名、所乘交通工具、班次和抵达时间。

③按每批抵达客户的人数、情况和要求,向车队申请车辆。

④提前半小时到达场站,做好迎接客户的准备。

2) 接客

①客户到达时,机场代表主动迎上去向客户表示欢迎。若需过边防海关,应请客户先过边防海关;若不需要,则引领客户到车上就座等候行李。

②行李领出后,要请客户清点行李。若客户自领行李出来,要帮客户提运。客户表示行李无差错时,可关好车门驱车送客户到会展集中安排住宿的酒店。

③若是一人或两人迎接多批客户,手续办好一批先走一批;若是两人迎接的,一人先跟第一批客户的车走;若有 VIP 客户的,先跟 VIP 客户的车走;若无人跟车,则要交代司机照料客户,第二人跟最后一批客户的车走。到达会展集

中安排住宿酒店时,交代前厅和总台工作人员照料好客户,送客户到房间。

④场站若有未预订房间的客户想入住酒店,则安排客户乘车去酒店。

⑤若有团体客户抵达,接到客户后,要安排客户先上车,将客户行李牌收齐,让客户先乘车去酒店或直接去展会现场,然后帮客户领取行李,用行李车运回酒店送到客户房间。若客户要求自己带着行李,可按客户要求办理。接待团体客户时,必须点齐人数,行李装上车后要点齐行李件数后才可开车。

3)送客服务

①机场代表了解次日需要送走的客户名单,所乘交通工具、班次等情况。

②向车队订车,了解机、车、船准确出发时间,与客户商定离开的时间。

③客户离店时,帮助客户清点行李,帮助照顾老人、伤残者、小孩等。

④送客路上,应征求客户对会展的意见并欢迎其下次惠顾。

4.1.2 访客留言处理服务流程与规范

1)留言确认

①若有来访者或来电找人,接待员应根据其提供的信息在电脑上查找。

②若被访者是在会展客户数据库系统中的客户,应先与客户联系,按客户意见处理。

③若客户一时联系不上或是预订客户,可询问来访者或来电者是否留言。

2)记录留言

(1)到店来访者留言

①接待员请访客或代为访客填写访客留言单,填好后要仔细检查并请访客签字。

②及时将访客留言输入电脑。

(2)来电留言

①接待员要问清留言人的姓名、留言的内容(时间、地点等)、电话号码,必要时留下其公司名称或地址。

②记好后应向来电者复述一遍留言的内容。确保准确无误后,将留言按格式输入电脑,检查拼写和语法,确保正确后再打印出来。

3) 传达留言

①若是熟悉客户留言,接待员请行李员将留言单的底单装入信封,打上客户姓名、企业名称和时间戳后送到相关部门,并将面单放入留言柜以备查。

②要定时检查留言柜内的留言,如有已经到达的,则请服务员马上把留言单的底单送到并告知客户。

③客户到达或查询留言时,将底单交给客户或将电脑内的留言内容告知客户。

④客户收到留言后,须将电脑内的留言状态改成"已收",使客房的留言灯熄灭。

4) 留言管理

①接待员每天将归档柜中的留言条按房号顺序整理并存档,每月清理一次。

②长住客户的留言在客户提取留言后一周,由接待主管取消电脑文字记录。

4.1.3　迎宾服务流程与规范

1) 准备工作

①迎宾员根据上岗要求着装整齐,提前到岗。
②与交岗人员进行工作交接并仔细阅读当班工作记录。

2) 迎接客户

(1) 迎接散客
①车到会展集中安排住宿的酒店正门口,迎宾员应及时走上去举手示意,待车停稳后,上前打开车门,左手拉车门,右手护顶(僧人、伊斯兰教徒、佛教徒注意不要护顶),为了方便客户下车,要尽量大幅度地打开车门并保持该状态,直到客户从车中出来。

②对携带小孩的客户或女性客户,要加倍留心,协助其安全下车。
③迎出客户后,要向客户问候,并立即叫行李生。
④如果客户的行李及随身物品较多,应帮助客户从车中把行李卸下来,并

请客户确认行李物品的件数。

⑤等客户确认完行李的件数后,应迅速扫视车内,确信没有物品遗忘于车上,然后轻轻关闭车门并示意司机将车开走。

⑥若行李员难以迅速到位提供服务,应为客户拿行李并引客户进大厅,然后交给接待人员。

（2）迎接参加宴会、会议的客户

当迎接因参加宴会、会议等而来的客户时,应特别细心,需快速记住来客姓名及所乘车辆的车牌,尤其要留意泊车及叫车事项,确保不出差错。

（3）迎接团队客户

①当看到载有团队客户的车辆驶过来时,应立即同行李生取得联系,让其做好搬运行李的准备。

②将装载团队客户的大型车辆引导到不妨碍其他车辆出入的位置。

3）送别客户

①客户离开时,迎宾员应为客户叫来等候的出租车。

②如客户行李物品多,应协助客户将行李物品装上车,放入汽车行李箱盖内的行李应请客户确认件数。

③在客户完全进入车内之前,应持门等客户进入车内并确认客户的外套等衣物是否溢在车体外。如有问题则提醒客户整理好,确认后关闭车门。

④如果是外宾,应事先打听客户所去方向、目的地,然后告知司机,以免司机不懂客户语言而出差错。

⑤在送别客户时,要向后撤离车体两步,然后致注目礼。

4.1.4　机场送机服务流程与规范

1）确认送机信息

①客户要求送机服务时,机场代表将客户提供的信息与电脑信息进行核对。

②向客户确认送机须知的其他信息,如人数、姓名、车型、航班号码、离港日期和具体时间。

③立即向车队查询当时的用车情况。

④向客户确认有关付费信息:价格、付费方、付费方式等。

2）准备工作

①机场代表根据客户要求填写会展车辆使用单（内容有客户姓名、人数、日期、车辆出发时间、机场名称、离开的航班号码及时间、所需的车型、所需车辆的数量以及收取的费用及付款方式），请客户签字并询问是否在其要求的时间安排行李服务或其他。

②将会展车辆使用单送至车队，请车队领班在会展车辆使用单上签字后，将存根联交车队领班。

③将会展车辆使用单交给礼宾领班，由其将会展车辆使用单送至收银处入账。

④礼宾领班在会展车辆使用记录上登记客户姓名及人数、机场名称、离开的航班号码及时间、预定的车型及数量等信息。

3）送机

①送机当天，机场代表提前半小时出发到达机场等候客户到达。

②行李员将客户送上提前等候的车辆。待客户乘坐的车辆离开会展后，行李员将送机信息通知机场代表。

③在客户到达后，机场代表主动为客户提行李，在客户需要的情况下帮助其办理登机手续，最后将客户送入候机大厅。

④机场代表回到会展后，将该项服务反馈给礼宾领班，由其在会展车辆使用记录上登记注销。

4.1.5　预订出租车服务流程与规范

1）要求预订出租车

①接到客户要求预订出租车的电话后，礼宾处应问清客户的姓名、展位号、企业名称、要求时间、目的地等。

②如客户赶飞机、火车，应提醒客户提前出发，以免因意外而耽搁行程。

2）联系出租车公司

①接下客户需要预订出租车的要求后，礼宾处联系较熟悉的出租车公司订车，问清价格并转告客户，征求其意见。

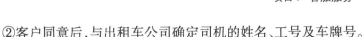

②客户同意后,与出租车公司确定司机的姓名、工号及车牌号。

3) 通知客户、行李员

①礼宾处通知客户出租车到达时间并请其提前在大堂前门等候。

②提前 15 分钟联系行李员,告知行李员出租车公司正派出租车前来接送客户,并告知客户姓名、出租车公司的名称、出租车的车牌号和到达时间。

③出租车到后,行李员应打开车门,请客户上车并向客户道别。

4.2   话务中心服务

4.2.1   常规电话接听流程与规范

1) 接听电话

①不让铃声响得太久,应尽快接电话。若周围吵嚷,应安静后再接电话。接电话时,与话筒保持适当距离,说话声量大小适度。嘴里不含东西。因为有急事或在接另一个电话而耽搁时,应表示歉意。

②热情问候并报出公司或部门名称。如:"您好! ××展会欢迎您!"如果对方打错电话,不要责备对方,知情时还应告诉对方正确的号码。

③确认对方单位与姓名,询问来电事项,并进行记录。

④听对方讲话时不能沉默,否则对方会以为您不在听或没有兴趣。

⑤扼要汇总和确认来电事项,谢谢对方,并表示会尽快处理。

⑥说声"再见",对方挂后再挂。

2) 拨打电话

①准备好电话号码,确保周围安静,嘴里不含东西,琢磨好说话内容、措词和语气语调。

②拨错号码,要向对方表示歉意。

③做自我介绍,扼要说明打电话的目的和事项。询问和确认对方的姓名、所在部门和职位。记录对方谈话内容并予以确认。

④如果对方不在,而事情不重要或不保密时,可请代接电话者转告。电话

内容不能代转时,应向代接电话者询问对方的去处和联系方式,或把自己的联系方式留下,让对方回来后回电话。

⑤感谢对方或代接电话者,并有礼貌地说声"再见"。

3)代接电话

①来电找的人不在时,告诉对方不在的理由,如出差。如对方问到,应尽量告诉他所找的人什么时间回来。

②礼貌地询问对方的工作单位、姓名和职位,主动询问对方是否留言,如留言,应详细记录并予以确定,并表示会尽快转达。

③如果对方不留言,则挂断电话,对方挂后再挂。

④接到抱怨和投诉电话时,要有涵养,不与对方争执,并表示尽快处理。如不是本部门的责任,应把电话转给相关部门和人士,或告诉来电者该找哪个部门,找谁和怎么找。

⑤来电找的人正在接电话时,告诉对方他所找的人正在接电话,主动询问对方是留言还是等一会儿。

⑥如果留言,则记录对方的留言、单位、姓名和联系方式。

⑦如果等一会儿,则将话筒轻轻放下,通知被找的人接电话。

⑧如果被叫人正在接一个重要电话,一时难以结束,则请对方过一会儿再来电话。切忌让对方莫名地久等。

4.2.2　转接电话服务流程与规范

1)接起电话

①电话响起后,话务员应在铃响三声之内接起电话。

②应面带微笑、语调柔和、清晰地问候客户,表示愿意为客户提供服务。

2)转接电话

(1)转接外线客户电话

①话务员按接听键,说:"您好,××会展。"

②仔细聆听并重复客户所要接通的电话号码,或根据客户提供的住客姓名、房号查找号码(若要找的客户与登记客户不符,问清对方姓名,并问明客户房间内是否有其要找的人)。

③向客户确认电话号码或查找到其要找的住客的电话号码后,请客户稍等,然后准确、迅速地接通其所需的电话分机。

(2)转接内线客户电话

话务员按接听键,说:"您好,总机。"

3)处理电话占线的情况

①若电话占线,话务员按取消键并及时向客户说明电话占线情况。

②主动问对方是否是长途,若对方是长途,须问清对方姓名、地点,按"强插"键告知客户。

③若客户同意接,按键转入;若客户不同意,按取消键并通知对方,请他稍后再打来。

4)处理电话没人接的情况

①若电话没人接,话务员应及时向客户说明情况,请客户稍后再拨或留言。

②若客户需要留言,将电话转到前台接待处由接待员为其提供留言服务。

4.2.3 电话咨询服务流程与规范

1)接听电话

①话务员要在电话铃响三声之内拿起话筒。

②应面带微笑、清晰地报出自己所在的部门,表示愿意为客户提供服务。

2)聆听问询

①话务员要仔细聆听客户的讲话。

②必要时,请客户复述某些细节或含混不清的地方。

③复述客户问询的内容,以便确认。

3)回答问询

①若能立即回答的,话务员应及时给予客户满意的答复。

②若能在1分钟内告诉客户的,请客户稍候,按保留键,待查到准确的答案后,接通电话说"对不起,让您久等了"再告诉客户答案。

③若需进一步查询才能找到答案,请客户挂断电话稍候,记下房号,待查到

准确的答案后再接通客户的电话。

④待客户听清后,征询客户是否还有其他疑问,表示愿意提供帮助。

4.3 商务中心服务

4.3.1 提供复印服务流程与规范

1)询问复印要求

①接待员主动热情地迎待客户,确认客户可能结账方式。

②询问客户要求复印的数量、形式(是单面还是双面复印,是否需扩大或缩小,颜色是加深还是变淡,并向其介绍收费标准)。

2)复印

①商务中心文员按照客户的要求,选择合适的纸张放入送纸箱。

②将复印原件在复印平面上定好位置,选择复印规格,按动复印键,先复印一张,请客户查看复印效果。

③如客户无异议,则可按照客户要求的数量连续复印。

④复印完毕,取出复印原件交给客户(若原件是若干张,注意不要将顺序搞乱),并按照客户要求为其装订。

3)结账

①接待员根据复印张数和规格,填写收费单,注明服务项目、页数、收费原价及金额。收费单一式三联,开好后,将二、三联撕下,第二联交商务中心收银处,第三联交给客户,如客户不要,立即做粉碎处理。

②客户结账,付现金或信用卡付款。

③若客户要求开发票,将发票第二联交给客户,第三联连同收费单的二、三联交收银处。

4.3.2 传真收发服务流程与规范

1) 准备工作

①客户来到商务中心要求接收或发送传真时,接待员应根据服务规范向客户说明收费标准。

②接待员将收到的传真根据传真上的传真号和所标的页数分好并用订书器订好。

③检查客户准备好的文件、资料或帮助客户打印的文件、资料是否符合传真要求,请客户确认要发送的国家及地区代号、传真号码等。

2) 收、发传真

(1) 发送传真

①接待员按照发送传真的程序将所有传真文件正文朝下,放入纸槽内,拨国家代号或地区区号、传真号码,听到对方传真信号后,按启动键。

②若对方的传真与电话为同一线路而对方处于通话状态,需拿起电话告知对方接通传真机,听到传真信号后再按常规方法发送。

③发送完毕后,将传真号码、发送页数及所用时间写在收费单上。

④若客户多或线路不通暂时发不出去,应礼貌地向客户解释;若客户不着急,告诉客户发出后将把原件送回,填写收费单,请客户先付款。

(2) 发送传真

①接待员打电话通知客户,告诉客户商务中心刚收到他的传真,按客户的要求将传真送到客户所在位置交给客户。

②若是当日有客户的传真,填好商务中心收费单,电话联系客户,时间充裕情况下连同传真送达客户。

3) 办理结账、登记

①接收或发送完毕后,接待员将传真原件及发送报告交给客户。

②办理结账,直接付账。

4.3.3　提供打印服务流程与规范

1)询问打印要求

①客户要求打印文件时,商务中心接待员首先要了解客户需打印的内容、数量、需要完成的时间。

②根据客户要求,确认是否可以在客户要求的时间内完成。如无问题,向客户说明打字收费标准。

③仔细阅读资料内容,如字迹模糊的,应先与客户口头核对一遍。

④了解客户的要求(如字体、字号、格式)并向其确认最快的完成时间。

⑤问清客户房号,请其留下联系电话,以便于随时联络。

2)打印文件

①接待员迅速上机打字,要按照客户的要求准确地打印。

②检查打印的初稿是否有错字、漏字和漏段。

③若客户较多或暂时不能给客户打字时,应有礼貌地向客户解释,若客户不急,告诉客户打好后,会打电话通知其前来校对。

3)修改文件

①接待员请客户校对打印出的文稿。

②若客户要求修改,应及时上机进行修改。

③将修改后打印出的正稿交给客户并请其检查确认。

4)确认是否保留文件

①客户检查确认后,接待员要询问客户是否保留文件电子版。

②若客户要求保留,则存盘并记录保留时间。

③若客户不要求保留,则删除文件。

5)结账

接待员根据客户文件的字数和打印的张数,开具商务中心收费单。

4.3.4 提供秘书服务流程与规范

1)报价

①客户提出秘书服务时,接待员应向客户了解具体的服务要求。
②根据客户的要求,联系可提供服务的公司,确认收费、具体工作、时间等并向客户报价。

2)提供秘书服务

①客户接受报价后,接待员与服务公司敲定秘书人员的接洽时间与地点并请客户确认。
②填写服务确认书(中文或英文版)并请客户在服务确认书上签名认可。
③向客户收取订金,告知客户如临时取消,订金将作为损失费,不予退回。
④对客户已确认(指已书面确认并支付预付金)的秘书服务,应按客户的要求及服务公司的报价填写秘书服务确认书,签名确认并盖上商务中心专用章,填写日期。
⑤经客服部经理签名确认后,将该秘书服务确认书发至服务公司,要求服务公司签名、盖章确认并回传。
⑥预约当天,秘书人员到达后,将其介绍给客户并跟踪服务过程。

3)结账

①服务完毕后,接待员询问客户服务质量。收取剩余的费用或请客户签单,确认最终费用。
②开具商务中心收费单,请客户签单或付现金。

4.3.5 票务委托服务流程与规范

1)填写订票单

①客户委托订票时,票务员应问清客户要订的票务种类和信息。
②根据客户提供的信息填写订票单并再次与客户核对信息。
a.代订机票时,要填写航班时刻、目的地名称、票价、客户姓名、有效身份证件号码及联系方式等。

b.代订火车及船票时,要填写班次、目的地名称、票价、客户姓名及联系方式等。

c.代订演出票时,要填写剧院名称、演出名称、开始时间、票价、客户姓名及联系方式等。

2)购票

①票务员按客户的要求及时与民航、铁路、轮船公司或汽车公司联系订票。

②若客户想预订时间的机、车、船票已售完,或没有机票有火车票,或没有客户要求的班次而有另外的班次时,要及时征询客户的意见,客户同意改订时即向有关交通部门确定。

③送票员将票送到后,要仔细核对票面信息与订票单是否相符。

3)取票

①票务员通知客户携带证件(护照、身份证、出差证明或工作证)到商务中心取票。

②客户取票时,要将客户的证件审查清楚,请客户认真核对票上的日期、时间、车次及票务种类。

③核对正确后,向客户收取票款和手续费。若客户要求挂账,则请其出示房卡并签单确认后入账。

④若客户要求将票送到房间,则通知行李员将票送到房间面交客户并收取票款和手续费。

4.4　车队服务

4.4.1　车辆管理服务流程与规范

1)申请用车

①会展各部门用车应填写用车单,相关领导签字审核。

a.用车部门经理审核后,由经理审批。

b.夜间用车由会展值班经理审批。

②各部门遇突发事件或业务急需用车,按应急用车处理。

2)车辆调度

①调度员根据需要和车辆调度情况作出用车安排。
②调度员根据安排开具出车单。

3)使用车辆

①司机凭出车单出车,领取车辆钥匙、通行证等物品。
②司机如遇装卸会展货物,应协助随车工作人员一起装卸货物。
③司机应将车辆停放在指定、安全可靠的地点,如确因工作需要,需停放过夜,需经行政经理批准同意。
④车辆如发生交通事故,司机应迅速与车队队长取得联系,车队队长及时派人采取措施进行处理。
⑤用车结束,司机填写出车记录表,连同出车单、车辆钥匙、通行证等及时交还。

4)维护与保养车辆

①车队应建立车辆档案,包括车型、车号、购买日期、车辆现状等信息。
②司机负责对车辆进行日常的维护和保养,行政部派专人定期对车辆的维护和保养情况进行抽查。
③司机出车前、收车后要擦拭车辆,检查并及时补充油料、水、电和冷却液,还要对车辆技术状况进行细致的检查,排除故障隐患。
④若车辆出现故障或刮擦,要立即报告车辆主管,未经批准,不得擅自将车辆送厂维修。
⑤若车辆需要维修,须报车队队长,车队队长派专人与司机一起到修理厂议价,要更换零部件时,应先请示车辆主管。
⑥车队队长派专人负责记录每次加油数量、行驶公里数、维修部件、更换零部件及花费数额并定期上报行政部经理。

4.4.2　应急用车服务流程与规范

1)接到应急用车电话

①值班司机接到会展有关部门的紧急用车电话,应详细问明乘车人姓名、

性别、乘车时间、地点、目的地。

②若来得及通知车辆主管或行政部经理,则值班司机应当面报告。

③若确实来不及,值班司机需请同班人代为通知;若同班人不在,自己独立执行任务时,需在用车日报表或车队黑板上注明去向。

2)出车准备

①值班司机领取车钥匙、出车路单和有关通行证。

②做好车辆的内外清洁卫生,检查储油量和水电及其仪表运转情况。

③车辆各项检查完毕后,值班司机立即到指定地点接乘客。

3)收尾工作

①出车回队后,司机应在用车日报表上填写起止时间、起止地点、行驶里程。

②通知用车单位,补写经行政部经理或总经理审批的用车单。

③完成特殊任务回队后,要向当班主管当面汇报事情的缘由、经过。

测　评

1. 话务中心服务与销售的话务有什么区别?

2. 商务中心服务的基本要求有哪些?

项目5
会议服务

【任务目标】

1. 掌握会议服务的相关内容；
2. 了解会议从前期准备到送走宾客的一系列服务要求；
3. 熟知接待的特征原则。

会务作为会展业的四大组成部分之一,在联系展览、旅游、餐饮、物流等方面发挥着独特的作用。确保满足企业、协会或相关组织的任何要求,如预订、宴会或会议室的布置。

会务部员工的职位职责包括:

①按照客户要求布置好会场,做好会前的物品准备。

②检查会场设施设备,保持设备的完好、有效。

③做好会中服务,确保会议有序进行。

④做好会后场地清洁卫生和设备、物品的收集清理工作。

⑤完成上级安排的其他工作。

会务部员工的基本要求包括:

①性格开朗,声音流畅,热情,口齿伶俐,应变能力强。

②中专以上学历,有相关工作经验。

③有独特的思维理念,逻辑思维及语言表达能力强,独立性强。

④诚实、稳重、具有较强的人际交往能力及团队意识。

⑤能够承受一定的工作压力,学习能力强,具有良好的服务。

【案例导入】

杰科姆国际会展负责一个会议项目,是有关日本著名的松下电器公司在2008年8月7日傍晚,也就是北京奥运会开幕式的前一晚,举办一个招待宴会的方案,参加宴会的是来自全球的松下公司最大的将近400家经销商的总裁。

杰科姆会展公司,隶属于日本JTB集团,是世界第二大旅游集团,从日本筑波世博会起,至最近的一届日本爱知世博会,其中很多的运营管理与服务工作都是由JTB完成的。杰科姆在中国的业绩也不错,2006年协助完成沈阳世界园艺博览会,之后又帮助西安浐灞开发区申办成功2011年世界园艺博览会。

在这个会议活动设计里面,将安排这些世界顶级经销商们共同在颐和园的听鹂馆用餐,他们将从颐和园东门下车,在铜牛处登上龙舟,依次穿过昆明湖,抵达对岸后步行至听鹂馆,用餐完毕,步行至北宫门,上车返回宾馆。整个过程中,会穿插4个内容的表演,有中国民乐、京剧、变脸和舞狮子。

杰科姆会展公司把方案拿给专家审议,评价是:方案很细致,也说不出有什么毛病,唯一感到遗憾的是,方案缺少亮点。经过修改,方案如下:

走情感体验的路线,确定的主题是"欢歌迎客,情定松下"。流程将是这样的场景:

宾客登上龙舟,两旁的游艇上是身着民族服装的姑娘小伙开始对山歌,在龙舟上也可以有事先安排的演员参加应和,如果哪个宾客跃跃欲试,就拽住他,让他也唱上一段,不论英语还是西班牙语,这没有关系。龙舟继续前行至水路总长度2/3的时候,两旁又有游艇,上面的美丽姑娘开始抛绣球,绣球可以向龙舟抛,也可以仅在游艇之间相互对抛。宾客们便在这样的场景下登岸,这是第一阶段,实际上是这次公关活动的序曲。当宾客进入听鹂馆的各个宴会厅的时候,通常在这个时候,他要自己寻找写着自己名字的桌签,然后在对应的位置落座,但是这次不设置桌签,在应该摆放桌签的位置,安排事先特制的一只10~15厘米直径的绣球,绣球上刺绣着客人的名字,四周还可以绣上北京奥运会的logo、松下电器的logo和现任松下电器总裁的名字,绣球内部填充产自日本北海道的薰衣草。绣球之下,另有一张特制的卡片,当客人打开的时候,他会看到一封由松下公司总裁亲笔签写的情书:亲爱的,当你拿到这个绣球,我们就不再是经销商、代理商和合作伙伴了,我们已经是情人,我们将在第29届奥运会的时候,让全世界见证我们的定情,我们从现在起开始我们的蜜月旅程,这个旅程将永远没有尽头。

如果能够,还可以在湖面安排八至十条的竹排,有人身穿蓑衣在竹排上,在夕阳里用竹篙撑开竹排,甚至洒上几网,作为活动的背景。材料的准备并不难,类似的游艇在紫竹院公园里便有,是用双桨划开的那种;而竹排,则在延庆青龙峡景区可以找到,那些艄公不是来自当地,便是来自河北的白洋淀。演员从电影学院或者戏剧学院里找,他们歌唱起来每个人都比漓江上的本地人更专业。

【案例分析】

①会议的立项:应明确会议的目的、确定主题、确定会议目标。

②会议的服务相关要素包括很多,如:a.举办会议的最佳时间;b.选择最合适的会场;c.确定会议工作组成员;d.活动费用计划;e.会议营销;f.活动宣传;g.赞助。

5.1 会议服务前期准备

5.1.1 会议相关信息搜集与准备

1)充分收集参加对象的情况

这是有针对性地做好会议接待工作的必要前提。会议接待收集参会对象信息的内容包括：

（1）参加对象的基本情况

参加对象的基本情况包括他们的国别、地区、所代表的组织机构、参加人数、姓名、性别、年龄、身份、职务、民族、宗教信仰、生活习俗、健康状况等。

（2）参会的目的、意图和背景

参会目的、意图，决定参加对象在会议期间的立场和态度。主办方应该通过各种途径了解和掌握参加对象的目的、意图及其背景，便于针对性地做好接待工作。比如了解和掌握参加对象过去参加的情况，是第一次参加还是历次都参加，过去不参加或中途退出是何原因，这一次为何参加，现在的立场如何，对哪些问题感兴趣，在接待方面曾经提出过什么要求和希望等。

（3）抵离时间和交通工具

要准确掌握参加对象抵达和返离的具体时间和交通工具，以便安排人员和车辆到机场、码头、车站迎接和送别。

2）获取参加对象信息的途径和方法

（1）汇总回执、报名表和申请表

汇总回执、报名表和申请表，是了解和掌握参加对象情况的主要途径和方法，据此可以了解参加对象的职业、身份、职务、性别、年龄、民族等基本信息，预计参加人数，掌握参加对象的组成结构和分布情况等信息。这些信息和数据对于做好接待工作具有十分重要的价值。

（2）查询历次会议活动的档案资料

历次会议活动的档案资料中保存了会议接待方面的记录，这对于掌握参加对象的基本信息，了解其立场观点态度的变化，以及其生活起居的特点有一定的参考价值。

（3）请有关部门提供情况

为了全面了解参加对象的情况，不妨请有关部门协助提供一些情况。比如举办国际性会议活动，可通过外国驻华使领馆了解与会国国旗悬挂的规则、特殊的礼仪与礼节等。

（4）要求参加对象出示有效证件

一些重要的会议活动，应当请参加对象出示有效证件和盖有公章的介绍证明信函，以便确认其身份，做好接待工作。

5.1.2 拟定会议接待方案

对于重要的会议接待,会务和工作机构应当事先制定接待方案,或作为会议策划方案或预案的有机组成部分。接待方案批准后,即成为会议接待工作的依据。

1)确定接待方针

确定接待方针,即会议接待工作的总原则和指导思想。接待方针应当根据会议目标和会议领导管理机构对接待工作的要求以及参加对象的具体情况确定。

2)确定接待规格

接待规格实际上是参加对象所受到的待遇,体现主办者对参加对象的重视和欢迎的程度。接待规格主要表现在以下几个方面:

①迎接、宴请、看望、陪同、送别参加对象时,主办方出面的人员的身份。这具体可分为3种情况:一是高规格接待,即主办方出面人员的身份高于参加对象,以体现对会议活动的重视和对参加对象的尊重;二是对等规格接待,即主办方出面人员的身份与参加对象大体相等;三是低规格接待,即主办方出面的人员的身份比参加对象低。

②会议活动过程中主办方安排宴请、参观、访问、游览、娱乐活动的次数、规模和隆重程度。活动次数越多、规模越大、场面越隆重,说明规格越高,反之则低。

③主办方确定的参加对象的食宿标准。食宿标准越高则规格越高,反之则低。接待规格要依据会议活动的目标、任务、性质、接待方针并综合考虑参加对象的身份、地位、影响,以及宾主双方的关系等实际因素来确定,确定接待规格要适当。涉外接待的规格应严格按有关外事接待的规定执行。

3)确定接待内容

会议接待的内容包括接站、食宿安排、宴请、看望、翻译服务、观看电影和文艺演出、参观游览、联欢娱乐、返离送别等方面。接待内容的安排应当服从于整个会议活动的大局,并有利于参加对象的休息、调整,使会议活动有张有弛,节奏合理,同时也能够为会议活动创造轻松、和谐的气氛。

4) 确定接待日程

接待日程安排应当同会议活动日程的整体安排通盘考虑,并在会议日程表中反映出来,便于参会对象了解和掌握。

5) 分配接待责任

接待责任是指会议活动中各项接待工作的责任部门及人员的具体职责。接待责任必须分解并且落实到人,必要时建立专门的工作小组。如大型会议活动可设置报到组、观光组、票务组等工作小组,分别负责参加对象的接站、报到、签到、观光旅游、返离时的票务联系等工作。

6) 协调接待经费

会议的接待经费是整个会议经费的构成部分,主要是安排参加对象的食宿和交通的费用,有时也包含安排参观、游览、观看文艺演出等的支出,涉外会议活动还包括少量的礼品费。会议接待方案应当对接待经费的来源和支出作出具体说明。

5.1.3 落实接待事项

1) 培训接待人员

会议接待的对象往往是多方面的,对象不同,接待的要求也不同,因此会议接待工作人员要根据具体的接待对象学习和掌握有关的接待知识,必要时对接待工作人员尤其是志愿前来参加接待工作的人员进行培训,使他们熟悉接待对象的基本情况、特点,以便有针对性地做好接待工作。

2) 安排食宿

会议活动开始前,要根据已经获得的参加对象的信息、经费预算标准以及参加对象的特殊要求,安排好就餐,预订好房间。如果安排宴请,要事先根据接待规格和人数,确定宴席的标准、地点和席数。

3) 准备接待礼物

举行涉外会议活动,常常要赠送一些礼物给参加对象。准备礼物应注意:

①低值、小额。世界上很多国家对接受礼品的数量和价值有法律规定,因此,赠送给客人的礼物必须符合这些规定,否则等于白送。

②力求体现民族特色和地方特色,或者体现主办者的形象,具有纪念意义和象征意义。

③尊重客人的习俗和爱好。

4)落实交通工具

会议接待部门要配备一定数量的轿车、客车。此外,可同信誉良好的出租公司签订用车合同,保证会议接待用车。对所配备的车辆进行安全检查,对司机应进行安全行车和外事纪律的教育。

5)布置安全保卫工作

对有重要领导人或重要外宾参加的呼应活动,应同安全保卫部门联系,做好警卫工作。

6)选派翻译和陪同人员

涉外会议活动或有少数民族代表参加的会议活动,要选派外语翻译人员或少数民族语言翻译人员。外语翻译人员应当根据会议的工作语言选派。翻译人员应当政治上可靠,业务上过硬。

会议活动中如安排参观、考察、游览活动的,要选派身份合适的人员陪同。专业性较强的参观考察,应当选派既懂业务又有身份的人员进行陪同。

7)准备接待物品

在接站和参加对象报到时,要树立醒目的接待标志,如:“××会议接待处”“××会议报到处”等。同时,要准给好桌、椅、登记表、笔等参加对象报到时的必须用品以及车辆、通信工具等。

8)落实相关事宜

联系落实参观、游览、文艺演出、娱乐活动的项目、时间、地点以及相关事宜。

5.1.4 会议邀请

1)信息发布

①从媒体上分,有印刷品(包括邀请信函、组织文件、会议通知)、电子邮件、印刷媒介公告、电子媒介公告等几种形式。

②设计回执单。应当包括如下信息——明确的人数、职务、性别、联系方式、预计到达目的地时间、迎送要求等。

③通常信息发布包括主题、时间、地点(暂定或者候选)、主要议程及安排、费用及标准等,有些还附送会议(展)企划书,可以让参与者了解参加的意义及对会展的期望。

2)回执

①回执收到后,需要统计、确认回执有效(通常以会务费用是否缴纳为标志),接下来需要做的就是资源分配——主要是展位与酒店住宿的安排,回执确认即确认通知可以在这一切完成后发出。

②回执可以有多种形式——传真、信函、电子邮件、网路回执或者电话均可。回执需要注意的是,如果允许,应该考虑到参与者的特殊要求,譬如家属、随行人员、保健要求、交通代理、饮食习惯、住宿要求等,如果回执清楚,那么对会展的有序安排会起到很大帮助。

③确认通知——如果会务费用确认或者有其他方式可以确认,可以发出确认通知。同时发出的应该还有会展的确切地点、时间、议程、签到程序及会展注意事项等。

5.1.5 会场选择与布置

1)营销部下单

首先明确会务部是会议服务者,营销部是业务直接上级,所有的会议应由营销部下单,会务部必须认真阅读《会议预定通知单》,了解会议主办部门、会议人数(主席台人数)、日期、时间、地点、场形、设备、花木、会标、宣传标语等,以及会议具体要求、是否有路标指引、是否有客人的特殊要求等。主管要及时与会务方、营销部取得互动,对他们做出的变更及时调整服务,不能自作主张。

2）会场推荐选择

实践证明,会场诸多方面如条件的好坏、舒适程序的高低,对于参会人员的心理上有着不可忽视的作用。会场条件好,服务质量优,与人员开会就心情愉快、精力集中,反之则会差一些,在一定程度上影响到会议的效果,可见,会场的选择与布置是有一定科学性的。

（1）会场大小适中

会场太大,会显得松散,过小,显得挤迫。会场与参会人人数之间的关系要协调,参会人数不得少于会场可容人数的 70%,不得多于会场可容人数的10%。要使与会者的座位之间有一定的空隙,使人可以从容出入。会场中要留有过道,便于与会者与服务人员出入。现在有一种活动挡板,可以根据需要将一个会议室分隔成两个或几个会议室,人多则大、人少则小、方便好用,可以收到一室多用之功效。

（2）会场的附属设施、设备齐全

包括照明、通风、空调、卫生、服务、电话、扩录投影,医务、车队等设施。

3）会场布置

（1）会场的布置的总体要求

会场选定后,就要布置,不同的会议,要求有不同的会场布置形式。总体来讲,要反映会议的中心内容。例如,党的代表大会、庆祝大会,要布置得喜庆热烈,座谈会要布置得和谐融洽,纪念性的会议要布置得隆重典雅,日常性的会议要求布置得简单舒适。

（2）主席台布置

各大中型会议的会场均应设主席台,以便于体现庄重气氛和有利于会议主持者主持会议。主席台是与会人员瞩目的地方,也是会场布置工作的重点。大型国际会议背景色现在一般使用蓝色,主席台台布一般使用墨绿色。

①大型会议主席台设置。

各种代表大会和其他大型会议,由于是在会堂召开,主席台一般设在舞台上,台上的与会者与台下的与会者对面而坐。

在主席台上就座的或者是主席团成员,或者是职务比较高的人员。

小知识：

主席台上与会人员座次根据职务或姓氏笔画排列。有时也只列出前一二排,其余人随便坐。有座次的放名签(或叫台签)。

如何根据职务排座次? 中国传统习惯以左为上,以左为尊,因此排在第一位的人居中而坐。其余人以居中坐的人为基点,按一左一右,先左后右排列。比如以最中间座位左为第二,右为第三。左二为第四,右二为第五,以此类推。如果主席台人数是双数,每一位和第二位居中而坐,保持两边人数平衡。

如需讲演,讲演台一般情况放在主席台面正中间或右方。

②中型会议主席台设置。

中型会议的主席台如果设在会堂的舞台上,同大型会议的主席台布置法相同。如果在会议室,则要稍微垫高一些,离代表席近一些,既体现融洽气氛,又能纵览全场。

座谈会、讨论会等一般不设主席台或主席桌。便于讨论气氛和谐。反映与会者民主平等,团结融洽的气氛。有的时候由于会场布置形式的关系,自然形成了主席台。

小知识:

领导名签放在哪里,哪里自然形成主席台;会标挂在哪,哪便自然形成主席台。正对会场门口的地方一般也适宜主席台。

③小型会议,一般也不设席台或主席桌,与会者自由落座。

无论设不设主席台,都要使会议主持者面向与会者,避免同与会者背向的现象。

(3)会场形式布置

开会日期、时间不由会务决定,会场却有讲究,成功的会议就得有好的会议室。会场的准备选择推荐就显得很重要,会场与参会人员有一个对应关系。

会场形式包括:

①剧院式,就是在留有充足的过道情况下,面向主席台摆放一排一排的座椅。特点就是在有限的空间里,最大限度地容纳参会人。缺点是没有桌子,不方便记录。

②教室式(课桌式)。形如学生上课样式,按桌子尺寸一行一行摆设,在留有服务员服务通道的情况下,摆设成一个个方阵。特点是,有桌便于记录,也可尽量容纳参会人员。

③方形中空式。在没有合适的回桌所使用的替代方式。将会议桌摆成方形中空,中间不留缺口,椅子摆在桌子外围,通常围上桌布。中间放置较矮的绿色花卉植物。一般情况下服务员在外围服务,特殊情况可以进入内圈服务。

④U 形:不设主席台,把桌子连接摆成长方形,前方开口,椅子摆在外围,桌

子围上台布、围裙,前方可放投影设备,中间放置绿色花卉植物,椅子也可套上椅套,更显高档的氛围。

还有圆形、椭圆形、六角形、八字形、T字形、半圆形、星点形、众星拱月形等。会场形式取决于会议内容,会场的大小和形状、会议的需要及与会人数的多少等因素。

一般来讲,可以分为这样几种情况:

日常工作会议(讨论会、论证会、座谈会、联席会)等的会场形式,多以布置成圆形、椭圆形、长方形、六角形、八角形、回字形为好。

中型会议会场形式,以布置成课桌式、半圆形比较好。

小知识:

与会人员席横排面不要太宽,以免主席台同两边就座的与会人员首尾两端,不能相顾。如果与会人员较多时,可以适当往纵的方向多排几行。

座谈会的会场形式以布置成圆形、半圆形、U字形,六角形较好。

茶话会、团拜会的会场以布置成星点形、众星拱月形为好。

大型会议一般都在会堂召开,形式固定。

工作人员秘书记录人席,要摆放在四周既能观全局又面对会议主持者的地方。

(4)与会代表座次排列

与会代表排列座次的方法包括:

横排法:按照公布的名单或以姓氏笔画为序从左至右依次排列座位,先排出席会议的正式委员,后排候补委员;先排正式代表,后排列席代表。

竖排法:按各代表团成员的即定次序或姓氏笔画沿一条直线从前至后排列座次,正式代表在前,候补代表在后,每个代表团的方阵排列次序按从左到右排列。大型会议采取这种排列方法比较好。

例如,山西省地市排列次序为:A 太原市;B 大同市;C 阳泉市;D 长治市;E 晋城市;F 朔州市;H 忻州市;J 吕梁地区;K 晋中市;L 临汾市;M 运城市。忻州市县市排列顺序:忻府区、原平市、定襄县、五台县、代县、繁峙、宁武、静乐、神池、五寨、岢岚、河曲、保德、偏关。

(5)附属性布置

附属性布置包括:音响设备、电影投影设备,录音、录像、照相设备,通风设备,卫生设施、安全保卫、会议绿化等的布置。

具体布置要求如下:

①会议室里不要有电话。②桌椅的配置。圆形会议,最好是专门订制的会议桌,人与座位恰当,不要太挤,也不要太松。实在不行,只能用小型桌子进行组合,近似圆形或方形。桌子最好下面有物品格,多余的文件提包可以放进去。椅子最好是有扶手,让与会者感到很舒服。③干净的会场。包括地面、墙、玻璃、灯具、桌椅、地毯、布饰、餐茶具、卫生洁具等,其中卫生洁具包括服务员的服务用具、暖瓶、工服。④设备齐全:音响设备、白板、板擦、投影录音、拍照摄影,各式讲演,讲座台等。还包括:白纸、图钉、订书机、胶带纸,多用插座等。⑤照明良好。主席台光照要充足,其他地方柔和一些。有时需要切换灯光,动作要迅速。⑥防止杂音干扰。一是防音响消音,二是防室外吸尘器的噪声的干扰。

5.2 会议服务流程与规范

5.2.1 上岗准备

①统一着装,熟悉会场的布局以及各种配套设施的情况,做好仪容仪表的自我检查(包括工服、首饰、鞋),保证每位参与服务员工的仪容仪表最佳。

②提前做好人员力量的调配工作。40 人以下会议配 2 名茶水服务人员,40~80 人会议配 3 名茶水服务人员。80~120 人会议配 4 名茶水服务人员。200 人会议,配 6 名茶水服务人员。在开例会时将服务会议的重点及注意事项传达给员工。注意贵宾提前到,准备临时休息室。做好会议的具体分工,让服务会议的服务员都必须清楚地知道各自的岗位和具体工作的内容。

③了解本地的交通、旅游、购物等情况,以备参加对象随时咨询。国际性会展的礼仪人员还要会熟练使用外语。

④认真准备会议所需餐具,当班主管须亲自参与准备和检查工作。例如:水杯、茶杯是否干净光亮、无划痕、无破损;咖啡用具是否配套;数量是否准备充分,还有如有水果、干果、茶休甜点等数量是否准备充分等。

⑤会议室的确定和桌椅摆设:根据预定单的具体要求摆设,摆设要求横平竖直(拉线方法最好)。

⑥会议服务设施设备的检查(幻灯机、投影仪、笔记本电脑连接),当班主管必须亲自参与对服务设施设备的准备工作,所需的各项设备要在会议开始前 30 分钟前进行调试,桌椅是否干净完好;音响设备是否提前准备调试好;鲜花是否

提前摆放好;地毯是否干净;空调运转是否正常;会议场所温度是否适宜(冬季室温不高于 22 ℃,不低于 18 ℃,夏季室温不高于 26 ℃);指路牌是否擦得干净光亮并在指定位置等。如要求有投影,应准备好接线板(1~2 个)、激光笔,将会议室的窗帘拉好,调试好灯光。经理要在会议开始前 30 分钟内,根据会议的要求再一次进行全面试用。

⑦主管根据服务经验,必须提前做好应对各种突发事件的准备工作。例如:准备一些电源接线板,客人用电脑时以便及时提供更为超常的服务;夏天准备一些冰镇的毛巾(但现在推荐使用热毛巾);适时调整空调温度。

5.2.2 接站与引导

会议接待人员前往机场、码头、车站迎接参加对象,这项工作叫做接站。接站是跨地区、全国性和国际性会议活动接待工作的第一道环节。优质的接站服务会给参加对象提供极大的方便,对初次到访的参加对象来说尤其如此,使他们一抵达会议举办地,就有一种宾至如归的亲切感。对一些带有偏见或对会议活动心存疑虑的参加对象,优质的接站服务还能够使他们产生良好的印象,甚至在一定程度上减少偏见、消除疑虑。

1)确定迎接规格

重要领导或外宾前来参加会议活动,要事先确定迎接的规格,主办方应当派有一定身份的人士前往机场、码头、车站迎接。会议接待人员要事先了解他们抵达的具体时间以及所乘的交通工具,并通知迎接人员提前到达迎接现场。

2)组织欢迎队伍

如举行重要会议活动,为表示对参加对象的热忱欢迎,可在机场、车站、码头组织一定规模的群众性欢迎队伍。

3)树立接站标志

参加对象集中抵达时,在出口处以及交通工具上要有醒目的接待标志,以便参加对象辨识。接站现场较大、人员较杂时,还要准备好手提式扩音机。个别接站时,接站人员可以手举欢迎标志,上书"欢迎×××先生"等字样。

4)掌握抵达情况

接站人员要随时掌握参加对象抵达的情况,特别要留意晚点抵达的参加对象,避免疏漏,同时注意与机场、火车站、码头等联系,了解抵达准确信息。抵达信息往往可以在会议参会申请表中体现,或单独的接站回执中反映。

5)热情介绍

参加对象到达时,迎接人员应迎上前去自我介绍,并主动与其握手以示欢迎。如果领导人亲自前去迎接重要的参加对象,且双方是初次见面,可由接待人员或翻译人员进行介绍。通常先向来宾介绍主办方欢迎人员中身份最高者,然后再介绍来宾。主客双方身份最高者相互介绍后,再按先主后宾的顺序介绍双方其他人员。这种介绍有时也可以由主办方身份最高者出面。介绍时要注意以下几点:

①被介绍人的姓名、职务、职称、头衔要准确、清楚,这要求接待人员事先掌握迎接人员的基本情况。

②按职务和身份的高低顺序进行介绍。

③介绍时要有礼貌地用手示意,不能用手指指点点。

④主动握手见面、介绍的同时双方要握手。握手是国际、国内常见的礼节。主人主动热情的握手会增加亲切感。

⑤献花。对重要的参加对象(如外国知名专家、劳动模范、获重要奖项者)可安排献花。献花必须注意以下几点:所献之花以红花色系与紫花色系为佳,选择的花语以代表"友谊、喜悦、欢迎"的花材为主,而且必须是鲜花,花束要整齐、鲜艳。对外籍参加对象献花要尊重对方国家的风俗习惯,花的品种和颜色要根据不同的对象来选择,一般忌用菊花、杜鹃花、石竹花以及黄色为主的花,因为菊花在法国、意大利等一些国家是用于治丧事,黄色的花在许多国家和民族被视为不吉利而受厌恶。一般安排儿童(一男一女)或女青年献花。如参加对象夫妇同时到达,由女少年向男宾献花,男少年向女宾献花。少先队员敬礼时,应当先敬礼。有时也可由主办方领导人亲自上前向来宾献花,以表示最诚挚的欢迎。献花一般安排在主客双方见面、介绍、握手之后。

⑥陪车。陪同客人乘车时要注意座位次序。小轿车座位的礼宾次序通常为"右为上、左为下;后为上、前为下",即小轿车的后排右位为上座,安排坐客人;后排左位为次座,安排坐主办方领导人;接待人员坐在司机旁的座位。接待人员受领导委托单独陪车时,坐在客人的左侧。上车时,接待人员应打开右侧车门,请客人从右门上车,自己从左侧门上车,避免从客人座前穿过。遇到客人上车后坐到了左侧,则不必请客人挪动座位。但如果是重要的外宾,车前挂有双方国旗时,则应严格做到主左客右。

⑦注意安全保卫,准备新闻报道。迎接重要的参加对象,要布置好安全保卫工作,并与新闻单位联系,准备采访和发布新闻消息。

5.2.3 报到

1)查验证件

迎宾员热情主动地迎接客人,要求对方出示邀请书、单位介绍信、身份证和其他有效证件。迅速查验,如果时间有所延误,要有引导性语言。

2)登录信息

请参加对象在登记表上填写个人的有关信息,如姓名、性别、年龄、单位、职务、职称、联系地址、电话等。会议或展览报到登记表既可以据以统计参加会展活动的人数,以便做好会展活动期间的各项服务工作,又可据此编制参加对象通讯录。

3)接收材料

由会展接待人员统一接收参加对象随身带来的需要在会上分发的材料,经审查后再统一分发,以免由于参加对象在会场上自行分发而影响会议和展览秩序,同时也可防止自行分发材料可能造成的其他不良后果。

4)发放文件

除了提前分发的会展文件外,其他文件应当在参加对象报到时一并发给。会议文件应当按照保密要求分类发放和管理。保密文件和需要清退的会议文件必须履行签收手续,并发给文件清退目录,嘱其妥善保存,会后退回。

5)预收费用

有的会展活动须由参加对象支付一定费用,如会务费、食宿费、资料费等,这些费用有的在事前已经通过转账付清,有的则在报到时用现金支付。因此,报到时要安排财会人员到现场收费用并开具收据。

6)安排住宿

要根据参加对象的身份和要求,在现有的条件下,合理安排住宿。住宿安排好后,接待人员应当在登记表上标明每个参加对象的房间号码,以便会展期间的联系。

5.2.4 签到

1)簿式签到

参加对象在工作人员事先准备好的簿册上签名,以示到会。簿册签到利于保存,也具有纪念意义,常常用于各类庆典和仪式。会展活动规模较大、参加对象较多并且集中到达时,可采取分头、分册签到的方法,以避免产生签到时拥挤的现象,影响会展活动按时进行。签到簿的封面或扉页上应当写明会展活动的名称、时间和地点,以便将来查考。

2)表式签到

参加对象在工作人员事先准备好的表格上签名,以示到会。通常情况下,会议和展览活动都可以采用这种方式签到。规模较大、参加人数较多的会展活动,要多准备一些签到表,采取分头签到的方法,会展活动结束后,再装订成册。特别要提醒的是,千万不要随便拿一张纸签到,这样会给统计人数、检查缺席情况造成很多麻烦报道表包括下列项目。

3)电子签到

电子签到,即将电子签到卡预先发给参加对象(如报到时分发),入场时,只需将签到卡放在签到机感应板上,或通过非接触式扫描,系统就会自动记录和服承参加对象的姓名、性别、年龄、职位、职务、职称、代表性质、组别、代表证编号等信息,并自动进行统计分析,在显示屏上显示出会和缺席等一系列数据。电子签到卡往往和代表证组合制作,这样使用起来更方便。

5.2.5 看望与会见

1)确定出面人

无论是纵向性会展活动还是横向性会展活动,都应当安排主办方的领导人出面看望参加对象。如主要领导人抽不出时间,则委托其他领导人或秘书长前去看望。规模较大的会展活动,应安排多位领导人分头看望。

2）通知

领导看望和会见参加对象之前,工作人员应先口头或电话通知参加对象临时离开,重要的看望和会见可列入会议或展览的日程表。

3）安排时间和地点

①时间安排:看望的时间一班安排在报到之后、会展活动开始之前为宜,也可以安排在会展活动的半段,但不应安排在即将结束时。会见的时间安排较灵活,一般安排在前会展活动开始前或前半段,如需要会见的对象较多,时间安排不开,也可将会见安排在会期的后半段。

②地点安排:看望的地点有两种安排,到参加对象住宿的房间里看望,气氛比较轻松随和。到会议分组讨论会场看望,将领导看望和领导参加分组讨论结合起来。活动中,则到展馆现场看望,将领导看望和领导参观结合起来。

4）陪同和记录

看望和会见时,要有秘书或翻译陪同,秘书或翻译除向参加对象介绍领导人,做好翻译工作外,还要做好记录,对领导人在看望和会见时所作的指示要及时办理。

5.2.6　安排食宿和作息时间

1）安排饮食

（1）制订饮食工作的方案

会期初期较长的大型会展活动,要事先依据会展活动整体要求制订一套详细的伙食工作方案,主要内容包括:

①就餐标准。就餐标准要分解到早、中、晚三餐的具体支出。

②就餐时间。一般要同会展活动的作息时间综合考虑。

③就餐地点。如果人数较多,要多安排几个就餐地点。

④就餐形式。采取个人分食制还是同桌合餐制。

⑤就餐人员组合方式。就餐时是自由组合,还是按会展活动编组的方式组合。

⑥就餐凭证。凭就餐券入场,还是凭会展证件入场就餐。

⑦保证饮食安全。

（2）预定餐饮

餐饮的选择要考虑以下几点：

①餐厅大小是否能够容纳会展活动全部就餐人员，包括参加对象和工作人员。

②餐饮的卫生条件是否达到规定的标准。

③饭菜品种和质量能否满足要求。

④餐厅与会场和代表驻地的距离是否适当。

⑤价格是否合理。

（3）印制和发放就餐凭证

为加强就餐管理，防止有人"混会、吃会"，一般采取两种办法：

①印制专门的会展活动就餐券，在参加对象报到时同会展文件一起发放就餐券，由工作人员收取。

②凭会展证件进入餐厅就餐。

（4）统计就餐人数

准确统计就餐人数，是安排好就餐的重要前提人数不准确，偏多则造成浪费，偏少则会影响部分参加对象的就餐。统计人数的方法一是根据会展签到，二是分组统计，然后汇总。

（5）商定菜谱

会务工作部门要十分重视菜谱的制定：要在经费预算的框架内，尽可能与有关餐饮供应商商度一份科学、合理的菜谱，并尽可能满足少数民族代表以及一些有特殊饮食习惯的代表的需求。

（6）餐前检查

就餐之前，要对饭菜质量、份数、卫生状况等进行必要的检查，发现问题，及时纠正或者调整。

（7）餐后反馈

参加对象就餐后，要听取他们对饭菜质量以及餐饮服务态度的意见。

2）安排住宿

安排住宿一般要求住地相对集中。住地相对集中，一是有助于会展活动期间的信息沟通和事务联系，从而有利于加强对会展活动的领导与管理；二是有助于休会期间参加对象之间进行非正式的沟通和交流。住宿的安排具体要求如下：

①距离会场较近。会展活动住地要尽量靠近主场馆。会议活动最好是会场和住宿的房间在同一个宾馆，这样既方便参加对象，又可以节省时间和交通费用。

②设施齐全、确保安全。参加对象住宿的宾馆饭店除应具备基本的生活设施外，还必须具备良好的消防和安全设施，并配备专门的保安人员，确保参加对象住地的安全。

③合理分配、照顾特殊。房间的分配有时是一个比较敏感的问题，因此，职务和身份相同的参加对象，其住房标准要大体一致，以免产生误解。比如，召开一次代表大会，如果代表团所住的宾馆条件相差太大，会产生一些不必要的误会。有些学术会议，出席者的身份高低不等，安排住房时，有必要做适当的区别。有些代表自费出席会议，对房间有特别的要求，也应当尽可能予以满足。总之，要做到合理、合情。

④规格适中，勤俭节约。在会展活动费用中，住宿费用往往占很大比例，因此，贯彻勤俭办会的原则，关键之一是尽量节省住宿的费用，要根据会展活动的实际需要来确定所住宾馆的规格，不要盲目追求规格，动辄租借豪华宾馆，但要参加对象自掏腰包则另当别论。

安排住宿的工作流程大体包括：

（1）制订住宿安排工作方案

大型会展活动的住宿安排需要事先制订方案，内容一般要包括所住宾馆的地点、规格、费用、房间分配原则等。这方案也可以同饮食安排方案一起制定。

（2）统计住宿人数

住宿人数的统计可分为两步：第一步是根据会展活动通知的回执、报名表、申请表统计列会的预计人数，并据此预算预订的房间数量；第二步是统计实际报到的人数，这一数字比较准确，是最后订房的依据。住宿人数应当包括需要住宿的记者、参加对象的随行人员以及会务工作人员。

（3）分析参加对象的情况

预订和分配房间之前，还要仔细分析参加对象的基本情况，如参加对象的性别、年龄、职务、职称、专业以及生活习惯、相互关系等。一般情况下，应当适当照顾女性、年长者和职务较高者。如果安排两人一个房间，专业相同或相近参加对象同住一间，会有利于他们之间进行交流，参加对象如果带随行工作人员可将他们安排在一起或相邻的房间,以便于他们开展工作,但有专门规定的除外。

(4)确定预订房间的数量

预订房间的数量既要考虑参加对象的人数和他们的具体情况,同时也要根据会务管理和服务的实际需要。比如,有时会务工作部门需在宾馆设立值班室或临时办公室,如果参加对象需要在宾馆内会见客人,应当适当预留若干会客厅。如果分组讨论的会议安排在宾馆内举行,还应预订大小适中的会议室。

(5)预订宾馆和房间

预订宾馆和房间除了注意上面几点要求外,还要考虑:

①该宾馆的房间数量能否容纳会展活动的住宿人数。如果是大型会展活动,住宿人数较多,一个宾馆容纳不下,还要预订多个宾馆,但宾馆之间的距离要尽量靠近,距离太远会给会务展服务管理以及服务工作带来诸多不便。

②房间的布局是否集中。房间过于分散同样不便于管理和服务。

③房间内的生活设施是否齐全并且完好。

④价格是否合理。

⑤留有一定的余地,以便遇到特殊情况时予以随时调剂。

(6)分发房间钥匙

这项事务一般在参加对象报到时会同宾馆工作人员一起操作。

安排作息时间是会展活动举行期间,全体参加对象生活起居和参加会展活动必须共同遵守的具体时间安排,一般由会务工作部门提出并经会展活动领导机构同意后印发。

①会议活动作息时间。其构成主要有:

●就餐时间,包括每天早、中、晚三餐的时间;

●每天上午、下午会展活动的开始、结束和休息时间。

②会展活动辅助活动的时间,如晚上的娱乐活动时间安排。

③展览活动作息时间。其构成主要有:

●布展期间参展单位进场塔建布展的作息日;

●展览时间,即正式对外开放期间每天开馆和闭馆时间;

●展览期间参展单位工作人员最早进馆时间、最晚离馆时间;

●撤展期间参展单位工作人员最早进馆时间、最晚离馆时间。

3)安排作息时间

①服从会议议题活动的需要。这是制定会议活动作息时间的基本要求。

②展览作息时间安排既要从场馆的安全出发,又要方便参展单位。

③劳逸结合,充分安排休息时间,保证参加对象有充沛的精力参加会展活动。

④会议作息时间表应在与会者报到时分发。

⑤相关变化应及时通知到每一位参加对象。

5.2.7　文艺招待和参观游览

1)挑选项目

会展活动中可以举行文艺招待会或组织参观、考察、游览,以丰富会展活动期间的业余生活,做到劳逸结合,同时也可以带动旅游消费;举行文艺招待的形式多样,如观看文艺演出、电影等。具体组织工作如下:

(1)选好影片

配合会展的主题,文艺招待的节日和影片分为两类:一类是教育性,一类是娱乐性。指导思想是应当以教育件为主,而且应当配合会展活动的主题,如纪检监察上作会议可选择反腐倡廉题材的节日和影片,教育类会议则选择反映教育战线改革题材,照顾对象的兴趣。

(2)文艺招待

在某种意义上说,是对参加对象的慰劳,适当照顾他们的兴趣和要求也是理所当然的;尊重对象的宗教信仰和风俗习惯;要特别注意审查节目影片的内容,避免因政治内容或宗教信仰、风俗习惯等问题而引起参加对象的不愉快,体现民族特色、传统文化。国际性会展活动的文艺招待要尽可能选择能够体现主办国民族特色的节目,双边会议活动的文艺招待可适当安排客方国家的民族传统节目,以体现尊重和友好。观看文艺演出或电影应安排在休会、休展期间,如晚上或休息时间,不影响会展活动的进行。

(3)内外有别

如我国游客去台湾地区参会,有的项目不会组织参观游览中正纪念堂,有的项目参观时有一定的限制要求;安排时应当了解有关的规定,做到内外有别,注意做好保密安排。如外国客人提出一些不宜参观的项目,应婉言拒绝或推辞谢绝;有些项目则要报经有关部门批准。

2）安排落实

①项目确定后，应及时与接待单位取得联系。如对方无法接待，要及时更换项目。

②制订详细计划，安排参观游览的线路、具体日程和时间表，并明确告知参加对象，让他们做好思想准备和物质准备；大型会展活动安排应当在会议通知、邀请函中加以说明，并列明各条考察观光项目和线路的报价，以便参加对象选择。

③落实好车辆，安排好食宿。

④准备必要的资金和物品，如摄像机、摄影机、手提扩音机、对讲机、急救药品等。

⑤人数较多时，事先编组并确定组长，明确责任。

⑥旅游项目也可委托旅行社实施，但必须选择信誉好、价格合理公司。

⑦组织考察、参观、游览应当派有相当身份的领导人陪同，除必要的工作人员外，其他陪同人员不宜过多。每到一处，被考察、参观单位应当派有一定身份的领导人亲自接待欢迎并作概况介绍。如果是游览，应配备导游陪同外宾参观考察、参观游览，并配备翻译。

5.2.8　返离

1）预定返程票

返程票是参加对象最为关心的问题之一，因为这直接关系到参加对象能否按时返回单位开展工作。提前做好这项工作，能解除参加对象的后顾之忧，使参加对象安心参加会展活动，有利于提高会展活动的效率。预定返程票要注意以下几点：

①会展活动期间填写回执、报名表和申请表的同时，仔细登记参加对象对回程票的具体要求，包括回程的交通工具（飞机还是火车）、返程日期、航班或车次、舱位或座卧等级、抵达地点等内容。

②及时同有关部门联系订票事宜，用暂借款支付购票款。

③参加对象报到时，进一步确认其订票要求，如有变化及时与票务部门联系更改。如无变化，则交接回程票，并同时收取购票款。

2) 结算费用

报到时如预收了有关费用,在参加对象离会之前,要结清应由参加对象承担的那部分费用,结算时要做到:
①列清每项开支。
②多退少补。
③开具正式发票。如预收时曾出具收据,则应以收据换正式发票。

3) 检查会场与房间

参加对象离会离展时可能会在会场、展馆或房间里遗忘些物品和文件,接待人员要仔细检查,一经发现,及时归还属于保密文件和物品的按保密规定处理。

4) 送离

同接站一样,参加对象离会离展时也要热情欢送,具体要求是:
①会展活动的主要领导人尽可能安排时间出面告别。告别的形式可以是到参加对象住宿的房间走访告别,也可以是会展活动闭幕式结束后在会场门口道别。身份较高者还应当由领导人亲自到机场或车站送行。
②安排好车辆,将参加对象送至机场或车站。参加对象行李较多时,接待人员要主动为其提拿。
③进入机场、月台和码头送行时,当参展人员进入机场安检口、列车、轮船启动后,欢送人员应挥手向参加对象告别,直至对方的视线看不见欢送人员时。

5.3　会务接待服务

5.3.1　准备工作

①在会议召开前一天,接待员核对外联部预订处下发的会议接待通知单中的信息,如发现问题或疑问,应及时联系预订处核实相关内容。
②核对无误后,按照每个团队资料要求的房间数及房型,从空房表中找出并做预分房。预分房时要确定相对集中的会议预分房号并为会务组安排靠近

电梯的房间。

③将预分房号码写在会议团队预分房报表上并分送礼宾处、客房部。

④在房态表上注明预分房。

⑤按每个团队的房间和每间房的人数为每个客户准备房卡,注明姓名、房间号、离店日期和团队编号。

⑥把房卡装入会议团队欢迎袋中,信封上注明团队编号和房号并通知客房部做好准备工作。若有客户的留言或信件也必须放入团队欢迎袋中。

⑦准备好会务组要求提供的会议资料(如团队用餐地点、开会地点和具体日程安排)。

5.3.2　接待会议团队

①会务组人员到店后,接待员问清其团号、人数、房数并找出该会议团队的相关资料。

②再次与会务组人员核实房间数、人数等信息后,将事先准备好的会议资料交给会务组人员。

③请会务组人员填写会议住宿登记表并检查其有效证件。

④因会议房间由会务组统一安排,所以接待员应根据会务组需要的房间数量,及时将房卡交与会务组并请其在会议用房统计表上签字(会议用房统计表上要求注明开房日期、时间、房号、合计房数)。

⑤对于会务组划走的房间,应立即将房间状态改为入住状态,并通知楼层有客户入住及房号。

⑥根据会务组的要求对房间电话进行开闭,及时通知总机,并将会务组的要求以书面形式确认,请会务组负责人签字认可。

⑦会议接待过程中,临时更改和增加的项目较多时,应随时保持同会务组与展览部的联系,保证更改和增加的接待项目顺利进行。

⑧信息储存。a.每班次接待员下班前,要对会议用房表进行统计,统计内容有时间、日期、房号、房间总数、人数等。b.及时将用房信息输入电脑并注明会务组房号和会务组负责人的联系电话,以便解决迟到参会议客户的问询。

5.3.3 会议室租用服务

1) 确认有无可租用的会议室

① 客户要求租用会议室开会,接待员应了解参会人数以及会议召开日期。

② 根据这两项基本信息查找会议订单,确认客户所需日期是否可提供适用的会场。

2) 确定会议的具体要求

① 若有合适的会议室,接待员应问清会议室的摆位方式(一般分课堂式、座谈式、剧院式等)、会议所需设施(纸、笔、白板、投影机、麦克风、电视机、录影机等)。

② 了解客户是否需在会场内摆放绿色植物或鲜花,如需要的应将所需摆放的品种、数量提前通知会务以做好准备。

③ 清楚记录预订人的姓名、单位、联系电话。

④ 复述会议室的预订日期、时间、人数、摆位方式、所需设备及其他会议特殊要求,以及预订人的联系资料。

⑤ 确保无误后,问清客户是否需提前过来看场,以及费用如何支付,如客户表示单位有专人签单的,请其提供签单人姓名。

3) 下发会议室租用通知单

① 所有资料落实后,接待员填写会议室租用通知单,将所有资料准确无误地记录在通知单上。

② 将会议通知单分别派送到客房办公室、会场负责楼层、收银处、接待处,商务中心保存一联以备查询。

③ 将会议室的预订资料写在交班本上并输入到电脑系统的预订日历上,发送至相关部门(总经理室、外联部、客房部等)。

5.3.4 会议现场基本服务

1) 准备工作

① 提前 60 分钟准备摆好纸、纸夹、笔、毛巾、烟缸、水杯、茶杯、薄荷糖、水

果、干果、香烟等,检查设备设施的完好、整洁。有茶休的,提前 10 分准备。茶休包括:巧克力饼、迷你蛋糕、瑞士卷、曲奇饼、水果、绿茶、红茶、咖啡等。

②提前 30 分钟准备好热毛巾。打开音响,摆放轻音乐、打开空调调好温度。

③提前 15 分钟泡好茶叶,准备好茶杯。

④如是国际签字仪式,会议准备需事先询问主办单位是否需要国旗(左方为乙方,右方为甲方)、签字文具或铺放红地毯、安排拍照等事项。

⑤公司领导会议及 VIP、大型会议,当班主管必须亲自检查、复查。

2)站位

①服务员提前 30 分钟站位(根据要求姿势站位)。双手交叉垂于身前并面带微笑,主动问候客人。

②公司级领导及 VIP 会议,当班主管要亲自站位迎接。

3)会议开始服务

①主席台坐好即开始服务(除特殊情况或客人另有要求)。

如有水果,打开保鲜膜。先上香巾,后上茶水。

②按上毛巾服务程序上毛巾。

会议期间应由服务人员守在门外,防止无关人员对会议的打扰和对晚来客人的告知,服务员在门外不能随意走动及离开岗位,使客人感到门口有服务员并能随时提供服务。会议室内也应有服务人员职守,服务人员应站于会场后或侧面,应视野开阔,随时服务客人,切忌在会场内乱走、讲话、看书读报、听 MP3、吃零食。

③每隔 15 分钟查看客人是否需要服务,如添茶水等。

④及时更换烟缸,按烟缸服务程序,烟头不得多于 3 个。

⑤根据客人具体要求提供"超常服务"。如客人需笔、纸或其他特殊要求。会议中遇到设备问题,应立即解决,如解决不了,应立即通知有关部门。

⑥如会议有茶休,应在茶休开始前 10 分钟做好准备,如茶休在厅内,动作一定要轻,不要打扰客人。客人如果饮用咖啡和红茶,要主动为客人添加(所用的牛奶一定要加热)。

⑦总公司级领导及 VIP 会议和大型会议,部门经理尽量保持现场督导服务。

⑧重要会议,上完头道香巾后,应每隔 1 小时上一次香巾,如有参会人员外

出,回席后再上一次香巾。会议休息空闲,整理桌椅、补充用品,如水果等。

⑨注意卫生间的卫生,及时补充厕纸、洗手液、面巾纸。

⑩其他超常服务:

a.灯光要保持正常的状态,有时需切换灯光。

b.颁奖时,注意提前准备好运动员进行曲。

c.如大会需签字席,则注意签字席摆放在入口处、准备好笔。

d.如需录音,则准备好空白磁带。

e.会标要固定好。

f.话筒内的电池要检查到位,不要出现中途断电的情况。

g.积极主动为客人接电脑投影线路。

h.主动提供红外线笔(激光笔)。

i.窗帘是否要关闭。

j.会议用台的台裙熨烫好。

k.按要求摆放名签、鲜花、演讲台摆放。

l.对待外宾要用英语问候。

4)会议结束收尾工作

①在会议结束时,领位员和服务员将会场门打开,并站在门口送别客人。服务员一定检查是否有遗留物品(如会议在进行,那就放在原处不必动,如接下来会议已经结束,则发现遗留物要及时送交大堂副理)。客人走后,离开会场走出通道时,服务员才可将会议室大门关闭。

②收拾清点餐具等物品。如有丢失、损坏要做好记录,分清客损还是自损。都必须记入工作日志。无论是客损还是自损,都必须报单,主管按额定配备数,补充到位。

③做好清洁工作,清洁工作要做到无死角,会场重新布置好,处于会议接待模式。

④注意断电、断水、如暂时没有会议时,倒空暖瓶里的水,将香巾交洗衣房,注意茶叶的保存。

⑤服务会议的服务员,要通知当班主管检查收尾工作,安全检查工作,并做好交接班本上的记录。

5.3.5 会议旅游服务

1)会前准备

会议前,作为承接旅游项目的公司、部门、个人必须注意的原则包括以下几点:

①会议为主,旅游为辅:会议是会议活动的主体,而旅游因素只是其中的一个组成部分,它是为会议活动服务的,其作用是完善会议进程、增加会议的吸引力,并为会议活动添加附加价值。因此,在为会议活动组织会议旅游并进行销售的时候,不应过分渲染或强调旅游的成分,以免造成喧宾夺主的情况。

②关注流行趋势:虽然会议的内容本身是不会为潮流和流行趋势左右,但是,其举办形式却在很大程度上受潮流和流行趋势的影响。例如,当国民热衷前往东南亚旅游的时候,印尼的巴厘岛就理所当然地被某些会议组织者选定为理想的会议举办地。

③风格鲜明,特点突出:许多公司和企业对于文山会海早已熟视无睹,并且厌倦了。因此会议的举办地应该风格鲜明、特点突出。这就需要通过旅游因素来体现。例如高反差就是会议组织者常用的方法,坐落在大城市的企业会把会议的地点选择风格迥异的小城镇;高节奏的公司会把会议地点选在慢节奏的休闲旅游胜地,如海滨、高尔夫俱乐部等。

④灵活多样,多种选择:会议的参加者来自不同企业、部门或处于不同的职位,当然也就有不同的爱好、兴趣。因此,对于会议旅游内容的设计就不能千篇一律,没有选择的余地。聪明的会议组织者会为满足不同的兴趣和爱好的与会者准备不同的会议旅游和服务项目,供其选择。

⑤安全可靠:会议的举办者和运作者在设计和选择会议旅游项目的时候,要恪守"安全第一"的原则,既要保证会议的正常进行,会议内容的保密性,还要保证会议旅游活动的圆满以及与会者的人身安全。

2)信息收集和分析

①了解市场上都有什么样的需求,有什么样的竞争产品以及市场赢利状况和发展前景如何等。

②调查了解会议举办者和与会者的愿望。

3）确定目标

在信息的基础上才能够确定会议以及会议旅游的目标。这个目标可以是广泛的、战略的，既有主要目标，如目标会议市场、会议风格、会议赢利或支出目标等；同时，这个目标也可以是战术的并包含了许多次要目标或成为辅助目标，如单个会议旅游产品的策划、会议旅游竞争策略、价格策划目标、销售目标、广告和公关策划、会议服务策划等。

4）开展创意策划

充足的信息和确定的目标为随之进行的创意策划提供了依据。这里，如何激发创意成为关键的环节。好的创意来自于灵感，它有很多种方式，例如创意暗示、联想、模糊印象、灵机闪现等。但是，创意又是经验的结果，因为它不是天马行空的胡思乱想，而是自己或他人的经验和榜样的升华。一般的创意策划可以从以下两个方面进行：

①从报刊、杂志、书籍中寻找启发，再对这些信息进行选择、加工、整理和组合，从而获得创意的线索。

②首先由策划人员各自寻找灵感，然后将各自的创意放在一起进行筛选、讨论和补充，从而获得较为理想的创意。

5）反复论证

创意要经过论证才能够成为方案。论证需要会议的举办方和实际运作方共同进行研究。探讨其可行性或对其加以再补充。在论证的过程中要充分考虑举办方、运作方、与会方等多方面的利益和兴趣。

6）形成行动方案并制订预算

这是使方案具体化的步骤，主要是对以下的各项内容加以明确：会议以及会议旅游的目标、实现会议以及会议旅游所必需的条件、会议及会议旅游的方式和方法、会议和会议旅游策划与安排的步骤和时间、会议和会议旅游策划与运作的人员和经费、各具体项目方案的效果与评估、会议及会议旅游策划方案实施的附加条件。

行动方案都应注意时间性。各项任务何时开始、何时结束，都要十分具体，因此应该制订行动日程表。

7）撰写企划书

企划书的撰写是十分重要的环节。当策划方案确定后，就要将其撰写成书面材料，以供决策层审批和实施人员依照操作。策划书的撰写要做到简明、清晰、具体、具有可操作性。

如果是会议举办者委托会议策划公司运作组织会议以及会议旅游，会议策划公司所制作的企划书一般都包含以下几个方面：

①带有公司标志（LOGO）的封面。

②致客户的信。

③公司的介绍：包括公司以往的成就、策划班子的人员介绍及其以往的业绩。

④会议以及会议旅游的目标及实施方法概要。

⑤具体实施步骤：包括具体任务以及实施细节的说明。

⑥费用支出方向和成本预算。

⑦时间安排。

⑧证明人（推荐人）：以往所作策划项目的合作人或委托人。

⑨策划班子成员的简历。

如果会议举办者自己操作会议以及会议旅游的组织和运作，其制作的企划书由于只是企业内部的文件，故只需要以下 5 项：

①会议以及会议旅游的目标及实施方法概要。

②具体的实施步骤：包括具体任务以及实施细节的说明。

③费用支出方向和成本预算。

④时间安排。

⑤策划班子的人员介绍及其职责。

8）选定会议旅游项目

（1）选定地点

会议举办地的选择非常重要，它关系到会议是否在潮流、内容、环境、氛围等诸多方面具备对与会者的吸引力。近年来，国内的许多大型会议选择在上海、北京等地举办就是希望借助当地的潮流、环境、氛围等因素，使得会议的内容既具有中国特色，同时也体现了面向国际的特点。但是，中小旅游城市甚至是宁静的乡镇，也逐步受到会议举办者的青睐。

在会议旅游地点的选定时必须考虑以下几个方面的问题：①当地的交通便

利程度;②当地的通信设施;③当地会议设施的状况和容量;④当地的气候;⑤当地的服务设施;⑥当地的环境和旅游资源。

（2）选定时间

会议时间一般都会选择在公众普通旅游的淡季,如元旦前,元旦与春节之间或者是三、四月期间的非旅游旺季时间,其安排具有以下几个方面的优势:第一,避开了公众旅游的高峰期,可以在提供交通服务和住房的安排上有更大的把握,并确保会议以及旅游活动的圆满成功;第二,企业在一个经营周期内一般都会对公司的状况进行总结,对先进的集体、部门或个人进行表彰,对公司的客户开展公关活动,而年底恰好是最合适的时机,开展客户公关活动的理由也更加充分。同时,三月、四月是下一个财政年度来临之前,也是召开销售会议的良机,它可以为下一年度的经营和销售制订出具体的计划和行动方案,使其更具有目的性和针对性;第三,对于旅游接待部门而言,如酒店和旅游公司,公众普通旅游的淡季时期是其经营和获利的低谷,在这个时期往往需要在宣传和销售方面加大力度并投入很多的资金,但效果却往往并不理想。而会议旅游活动可以填补酒店以及旅游公司在这一时期的获利真空。会议活动由于是企业支付费用而非旅游者的个体消费行为,具有信用度高、结算及时、花费巨大的特点,这就更加受到酒店和旅游公司的青睐。

（3）选定方式

举办会议的方式不多,但是会议旅游的方式却可以是多样的。但是,对于会议的举办者和运作者而言,所有的与会者都能够顺利到会并最终安全离开才是其最大的成功。那么在选择会议旅游的方式的时候,就要将"安全"作为一个重要的因素考虑在内,那些包含着危险因素的旅游活动和旅游项目就不应推荐给客人,例如攀岩、峡谷漂流、热气球或滑翔运动、蹦极跳跃或看刺激性的演出项目等。在设计和安排旅游项目的时候,应考虑那些平缓、休闲的项目。一是,集体活动便于控制;二是,一旦有情况发生也有能力进行有效的处理。例如有组织的景点参观、徒步旅行、海边休闲、农家乐旅游等。

（4）选定服务

参加会议的与会者来自不同的地区、企业、部门,处于不同的地位,具有不同的背景和兴趣爱好,其对于服务就有不同的要求。为此,会议的主办者和运作者应为其设计和选择不同的服务。

会议旅游活动的服务从付费方式来看一般有以下几种方式:

①全包服务:也称为一揽子服务。即从交通票务、迎送、住宿、会务费、餐饮

到所有的旅游活动,仅以一个价格报出并作出统筹安排,一旦购买,与会者就不必再为选择旅游活动项目而分心,也不必为经费的花费安排费脑筋,或由于参加会议时所随身携带的费用不足而烦恼。购买全包服务比分别购买单项的旅游服务项目更经济划算,购买者常常可以获得一定额度的优惠。

②半包服务:是指与会者除会务费必须缴纳之外,在交通票务、迎送、住宿、餐饮以及各项旅游活动中省略某一项或几项。与会者购买半包服务的原因往往是由于与会者有能力自己安排其中某一项或几项,或是由于其参加会议的费用的限制,或者是由于时间不足,再或是会议旅游的时间安排与自身的其他安排有所冲突。半包服务的购买者也可能临时改变主意,继续购买尚未购买的服务项目。

③单项服务:是指与会者除交纳会务费外,不再预先购买交通票务、迎送、住宿、餐饮和各项旅游活动项目。这一类与会者往往自己安排住宿和迎送,对于餐饮、交通票务以及旅游项目却可能以单项的形式临时购买。解决这一类与会者临时提出的某一项特殊要求,特别是交通票务服务的要求,有时是一项艰巨的工作,特别是与普通公众旅游高峰期接近或重叠的时候。

④选定人员:这里指的是为会议以及会议旅游活动服务的人员的选定。为会议以及会议旅游服务的人员所涉及的层次较多,有些专业性很强,如拥有某些专业资格的会议策划者(MP-meeting planner)和专业会议组织者(PCO-professional meeting organizer),为国际性会议服务的专业翻译、会议服务经理、视听设备控制人员、餐饮住宿服务人员、导游人员等。而另外一些却没有体现出很强的专业技能特性,如接待人员、保安人员、礼宾人员、现场签到人员等。会议的举办者和运作者应按照会议的规格、需要等情况具体选定合适的服务人员。

9)会议旅游宣传与营销

对于不同的会议所采取的宣传与营销策略是不一样的,在宣传与营销方面投入的力度也是不一样的。

(1)组织和协会的会议、大会以及博览会的宣传与销售

对于会议公司来说,对某些组织和协会的专业会议、大会的宣传和销售的工作量最大,难度也高。由于其成员与协会或组织之间并无隶属关系,协会或组织也就无法强制其参加所举办的会议。因此,吸引与会者就成为会议主办方和会议运作方面的主要工作。目前,其宣传和影响主要通过直接邮寄、宣传册、广告、内部公关、外部公关、举办新闻发布会等形式来进行。

对于博览会的宣传和销售,由于其具有面向参展商和社会公众的两面性,

广告和媒体宣传的作用就更加突出。对于参加博览会的客商,除了以上的宣传和销售方式之外,还要运用价格、差异化服务、会议产品组合等策略来进行促销。

(2)公司会议的宣传和营销

由于参加公司会议具有强制性,举办公司会议只需对会议的主办方进行宣传和营销,而无需在与会者身上做太多的文章。会议公司一旦获得协办公司会议的委托,可以说在会议销售上就基本上获得了成功。其所需要做的工作,就是对于某些费用不由委托方承担的项目和服务对参加者进行宣传和营销。例如,会议日程安排计划外的文娱活动和游览活动等。印刷宣传品和销售柜台是常用的手法,这种方式有两个优势:第一,达到了宣传的目的而投入不大;第二,具有灵活性和选择性,是会议活动正常安排的补充。

(3)展览会和展销会的宣传和营销

展览会和展销会的宣传和营销与博览会的营销在宣传和销售的层面上具有一致性,即既要向参展商进行宣传和营销,同时也要对社会公众进行宣传和营销。对于社会公众的宣传和营销一般通过宣传册(单)、广告、公关活动、新闻媒介、折扣门票、名人参与的方式;对于参展客商的宣传和营销则通过电子邮件、直接邮寄、宣传册(单)、广告、内部公关、外部公关、举办新闻发布会等形式配合价格、差异化服务、会议产品组合来进行。

5.3.6 会议广告宣传

广告是会议旅游的主要营销手段,它对推广会议产品、促进销售以及提升会议公司的知名度都具有十分重要的意义。其作用是将会议企业的产品告知有关各方,提醒并说服其购买产品。

1)会议广告的诉求对象选择

广告活动从某种角度来看是一种信息的流动过程,其媒体的流向终端是广告受众,即广告的接受者。但是,广告诉求对象与广告受众在严格意义上还是有区别的。广告受众具有广泛性,凡是能够接收到广告信息的公众,都是广告受众。但是,这些人未必会把广告的信息转化为消费动机和行为。而广告诉求对象则具有针对性,是广告信息发出者的目标消费群体。会议广告的广告受众是社会公众,而其广告诉求对象是会议的举办委托者、会议的与会者以及与会议主题有关的各方。

对于会议广告诉求对象的分析是会议广告策划的重要基础工作,它关系到广告信息的选择。会议广告的信息主要还是会议的内容本身。在很多种情况下,它们是雷同的、平淡的和乏味的。但是为会议活动服务的旅游运作的信息却是丰富多彩的,通过添加合适的旅游运作信息,会议的广告内容就不再显得单调乏味,会议本身也就产生了吸引力。而且,选用不同的旅游运作信息,使得会议具有不同的风格和特色,这也是会议举办方或会议公司在会务市场上进行竞争的手段。

2)会议广告信息的选择

除了要突出会议内容本身外,还可以在以下几个方面做文章:

①环境:会议地点的环境资源和旅游资源及其特点与优势。

②服务:会议的规格、会议设施的档次、所用酒店的档次、会议服务项目的齐备程度。

③旅游:游览观光项目及其特点、餐饮的安排等。

④交通:交通设施和服务的项目和规格。

⑤价格:会议及与其配套的服务产品的组合形式。

有一点应该强调,广告诉求对象的需求是衡量广告策划是否合理的标准,信息的选择和确定必须围绕这个中心来进行。为此,要对广告诉求对象的状况进行详细深入的调查,了解广告诉求对象的要求和能力,只有这样才能够设计出其真正希望获得的会议产品,才能够引起其参与和消费的欲望。一句话,会议广告的创意要做到以广告主题为核心,以新颖独创为中心,以形象生动为特色。

3)会议广告载体的选择

会议广告的载体有电子传播媒体、印刷传播媒体、户外传播媒体等几类。

①电子传播媒体:主要指电视、广播、互联网等,其最大的特点就是传播速度快,范围广。其中,使用广播媒体的成本较低,但是,广播媒体广告缺乏视觉效果,信息不能查询,因而影响力有限,受到注意的程度也有限。相比之下,电视是会议企业更愿意使用的一种广告手段,它生动直观,影响力大,但是,电视广告价格昂贵,因而篇幅较小,不可能给予广告诉求对象非常详尽的信息。而且电视广告的广告信息是不能被保存的。互联网是会议广告的一个新的舞台,互联网广告不仅具有电视广告的优点,而且增加了可储存性和信息量。但是,也正是由于互联网信息量的巨大,可能会使目标观众迷失,不能找到本会议企

业的广告信息。

②印刷传播媒体:主要指报纸、杂志、图书、还有印刷宣传品,如邮报、邮寄广告传单等。其优势是信息量大,可以通过细致的描述达到良好的广告效果。其中,报纸由于其发行量较大,覆盖面较广,且制作简单,因而成为常用的手段,特别是具有针对性的专业报纸、邮报、邮寄广告传单等更是被大量地使用。但是,人们阅读报纸或是有目的的,或是浏览式的,因此,从中获得广告信息很大程度上存在着随机性;杂志广告相对报纸广告而言,出版的间隔长,因此广告时效性较差,效果较缓慢。但是杂志特别是市场定位明确的专业杂志都有一批相对稳定的阅读要求较为明确的读者群体。在这样的刊物上刊登相关的会议广告就会有很强的针对性,目标也明确,可以收到很好的广告效果,这是杂志广告的优势。另外,杂志可以被反复阅读,从而使广告的接触频率大大提高,读者的精读、细读更大大提高了广告的效果;会议广告由于其具有很强的时效性一般是不会刊登在图书上的,这是由于图书的出版周期比报纸和杂志更长。

③户外传播媒体:主要指海报、广告牌、霓虹灯、灯箱广告、旗帜、横幅、车体、船体、气球等。户外传播媒体广告的优点在于其创造的强烈的视觉效果。但是,户外传播媒体的广告形式针对性不强,专业性的会议不太可能在其上发布广告。同时,公众对户外传播媒体广告的注意时间一般不会很长,专注度也不高。如果采用此种广告形式,广告位置是最重要的考虑因素。

4)会议广告策划的其他方面

会议广告的策划除了要考虑其内容和载体之外,还要在某些细节和运作环节上下工夫,主要有以下几项:

①广告的语言:用语要简洁、明了。广告用语虽然要讲究措辞和语法,但是要避免过分修饰,其表达的内容和含义要使广告诉求对象能够立刻领会,而不会曲解。

②广告的位置:除了要选择合适的广告载体之外,广告在载体上的位置也是非常重要的。要尽量使本企业的广告刊登在显著的位置,至少应该是所在页面的唯一的会议广告。

③广告的规模:广告的规模体现在单次展示的时间长度和信息量上面。时间短、版面小的广告不会给人留下很深的印象。广告的规模当然是越大越好,至少也要能够体现企业的实力和能力。

④广告的频率:频率是目标受众能够接收到广告的次数。由于目标受众不会在每一次接触广告载体的时候都会对其中的广告加以注意,因此,频繁地发

出广告信息就是增加这种机会的唯一途径。为防止由于频繁接触而产生的厌烦心理,广告的细节内容或形式要经常有所变化。

⑤广告的范围:广告的范围指的是广告诉求对象所处的位置,即会议企业的目标市场。值得注意的是,会议市场的广告所关注的不是看到了广告的绝对人数,而是有多少潜在的客户看到了广告,因此,会议广告要投放在专业的领域,要选择专业的载体。

⑥广告的质量:广告的质量体现的是制作和设计广告的付出、思路、设计和技术。会议广告不能过分地追求技巧,避免浮华。价廉物美,实用有效的会议广告才会真正起到宣传的作用。

⑦广告的投放形式和时机:广告的投放有连续的投放,脉冲式的投放或是随机投放三种形式。连续投放和脉冲式投放的成本较高,一般用于对固定的会议服务的宣传,它是长期的和固定的广告形式。而随机式的投放是为某一次特定的活动而做的宣传,不是长期和固定的投放。因此,面向会议举办委托者的广告可采用连续投放和脉冲式的投放方式,而面向与会者和社会公众的某次特定会议的广告,由于其会议具有时效性,广告投放时机的选择也应与之配合,随机式的投放更为经济、合理一些。

5.4 宴会服务

5.4.1 中餐宴会服务

1)准备工作

①服务员根据菜单所列的菜式的服务要求,计算餐具的用量,特殊菜的佐料,进行服务用具、用品的准备。

②根据桌数和菜单选配银器、瓷器、玻璃器皿、台布、口布、小毛巾、转盘等必备物品。

③准备好宴会菜单,菜单设计要美观精巧。

④根据宴会的类别、档次进行合理布置,检查灯光、室温、音响、家具、设施的完好状况。

⑤检查宴会厅各个部位(地毯、墙壁、灯饰、窗帘、天花板、走廊、卫生间和工

作间等)的环境卫生和厅内设施设备。

⑥按菜单要求备足各类酒水饮料,用布擦净酒水饮料的瓶子,在工作台或工作车上摆放整齐。

2)摆台

①服务员按宴会预订的人数,摆放与之相适应的宴会台面、宴会座椅,并将座椅摆放整齐,且围好座椅套。

②对每一个台面进行摆台。

3)开餐前准备

①宴会当天,宴会领班再跟销售专员确认最终人数、桌数,再跟有关厨房沟通并互相交换应该注意的要点。

②领班陪同销售专员迎接宴会主办方,与其确认最后安排是否有修改,在许可的情况下给予配合,并核实宴会程序及上菜时间。

③宴会开始前 10 ~ 15 分钟,服务员将冷菜上桌,对于有造型的冷盘,将花型正对主人和主宾。

④宴会开始前 10 分钟,将葡萄酒斟好,以备客户开宴后讲话结束时使用。

4)迎接客户

①客户到达前 5 ~ 10 分钟,迎宾员在宴会厅门口迎候客户。

②客户到达后,应主动向客户问好,并计算入场人数。

③在客户前方请客户进宴会厅,并在客户右前方 50 厘米处引领客户,步速要同客户的行走速度一致。

④时间或人数接近时,宴会领班通知主办方最新人数,最后确认桌数及上菜时间并及时通知中餐厨房厨师长。

5)餐间服务

①客户走到桌前,服务员为客户接挂衣帽,并为客户拉椅、奉茶。

②宴会开始后,为客户打开餐巾,铺在客户膝盖上。

③上热菜。

a.菜要一道道趁热上,厨房出菜要用银器加盖盖好,上菜后,取走银盖。

b.上菜时,须由主台开始,不能抢先。

c.每上一道新菜,要介绍菜名和风味特点。

d.每一道菜都要为客户分菜,分菜要胆大心细,分菜要掌握分量、件数,汤的分量要分得均匀。

e.分菜要先分主宾,继而按顺时针方向分给其他客户,然后才分给主人。若有女宾,应先为女宾分,后为男宾分。

f.凡有鸡、鸭、鹅、鱼类等有头部或拌边有主花的菜,上菜时,头部或主花的一端均要朝向正主位。

g.所有上的菜若配有佐料,上菜的次序是先上佐料,后上菜。

④根据实际,为客户提供斟酒服务。

⑤撤换餐具。

a.重要的宴会要求每道菜换一次碟,换碟时,碟里有未吃完的食品,先征求客户的意见,客户同意后才换。若不同意,可将分好菜的碟放在客户右边,旧碟食品吃完即取走,并将新碟移往客户的正中。

b.除了正常的换餐具外,还要灵活处理,若发现个别客户骨碟内有牙签或骨头等,应主动换碟。

c.若客户的餐巾、餐具、筷子等掉在地上,须马上为客户更换。

d.若席间烟灰缸里若有两个烟头,需立即更换,撤换时要将干净的烟灰缸盖住脏的,然后才放上干净的。

⑥在客户用餐过程中,要及时提供小毛巾(见《小毛巾服务流程与规范》)。

6)送别客户

①客户起身离开时,服务员应拉椅让座,递送衣帽,提包,并协助客户穿衣,然后向客户礼貌道别并致谢。

②客户离开后,检查座位和台面是否有遗留物品,若有,要及时送还给客户。

③迎宾员送客至门口或电梯口,再次向客户致谢,微笑道别。

④服务员按顺序撤台,清点物品,做好卫生,使宴会厅恢复原样。

5.4.2　西餐宴会服务流程与规范

1)准备工作

①根据宴会的规模,服务员准备好适量干净的餐具和用具(汤碟、面包篮、甜食盘、咖啡壶、糖盅、奶罐、托盘、烟灰缸、蜡烛、花纸、口布、茶、面包、黄油、火

柴等）。

②准备好宴会菜单,菜单设计要美观精巧。

③根据宴会的类别、档次进行合理布置,检查灯光、室温、音响、家具、设施的完好程度。

④检查宴会厅各个部位(地毯、墙壁、灯饰、窗帘、天花板、走廊、卫生间和工作间等)的环境卫生和厅内设施设备。

⑤按菜单要求备足各类酒水饮料,用布擦净酒水饮料的瓶子,在工作台或工作车上摆放整齐。

2)摆台

①服务员按宴会预订的人数,摆放与之相适应的宴会台面、宴会座椅,并将座椅摆放整齐,且围好座椅套。

②对每一个台面进行摆台。

3)再次确认相关信息

①宴会当天,宴会领班再跟销售专员确认最终人数、桌数,再跟有关厨房沟通并互相交换应该注意的要点。

②领班陪同销售专员迎接宴会主办方,与其确认最后安排是否有修改,在许可的情况下给予配合,并核实宴会程序及上菜时间。

4)迎接客户

①客户到达前5~10分钟,迎宾员在宴会厅门口迎候客户。

②客户到达后,应主动向客户问好,并统计入场人数。

③在客户前方请客户进宴会厅,并在客户右前方50厘米处引领客户,步速要同客户的行走速度一致。

5)上餐前饮品

①客户进来时,服务员向客户问好,为客户搬椅、送椅,客户坐下后从右侧为客户铺上餐巾。

②询问客户需要何种餐前饮品,按客户要求送上餐前饮品并报出饮品名称。

6)上西餐

①宴会正式开始后,服务员开始为客户上餐。

②上头盘:上头盘时,按照先宾后主、女士优先的原则,从客户右侧上餐;当客户全部放下刀叉后,询问客户是否可以撤盘,得到客户的允许后,从客户的右侧将盘和刀叉一同撤下。

③上汤:将汤碗放在汤碟上面,从客户的右侧送上;待多数客户不再饮用时,询问客户是否可以撤汤,得到客户的允许后,要从客户的右侧将汤碗、汤碟和汤勺一同撤下。

④上葡萄酒时先请主人试酒,然后再为客户服务倒酒;应询问客户是否还用白酒,如不用,将白酒杯撤下。

⑤上主菜(同上头盘)。

⑥清台:用托盘将面包盘、面包刀、黄油碟、面包篮、椒盐瓶全部撤下,并用服务叉、勺将台面残留物收走 。

⑦上甜食:先将甜食叉、勺打开,左叉、右勺,然后从客户右侧为客户送上甜食,待客户全部放下刀叉后,询问客户是否可以撤盘,得到客户的允许后,从客户的右侧将盘和甜食叉勺一同撤下。

⑧上水果:先为客户送上水果刀叉、洗手盅,然后为其送上准备好的水果盘。

⑨上咖啡:先在每位客户右手边摆上一套咖啡用具(咖啡杯、垫盘,盘上右侧放一把咖啡勺),然后用托盘送上淡奶壶、糖罐,站在客户右侧一一斟上。

⑩在客户用餐期间,随时观察,主动为客户添加酒水;当烟灰缸内烟蒂超过两个时,应及时更换烟灰缸。

7)送别客户

①客户离开,服务员主动上前拉椅,礼貌地送别客户,并提醒客户勿遗留物品。

②陪同客户到宴会厅门口与迎宾员一起向客户道别。

③客户离开后,检查台面烟头等易燃物品,发现遗留物品交宴会厅经理处理。

5.4.3　自助餐宴会服务流程与规范

1)准备工作

①服务员准备摆台需用的各类用品,如台布、台裙、主盘、甜食盘、汤碗、服

务用叉勺、自助餐炉、酒精、装饰品等,要求清洁干净、齐全。

②根据宴会的预订人数,摆放与之相应的宴会台面,并按西餐规格进行摆台。

③开餐前半小时,开始上菜。

a.摆放保温炉,并在保温炉内添加开水(添加开水的量应保持接近内盘的底部)。开餐前20分钟点燃酒精燃料。

b.准备冰镇盒内的冰块和特别食品所配的酱汁。

c.摆放口布叠制的莲花座、花垫纸及取食品配套的叉子和勺子。

d.打开餐盘加热机,并准备足量的餐盘。冷菜区及甜品区应准备足量的沙拉盘。

e.参照厨师所列出的菜单,在各种菜品前摆上相应的菜卡。

2)迎接客户

①宴会开始前10~15分钟,迎宾员站在门口迎接客户。

②客户到达后,主动向客户问好,并在客户右前方引领其入座。

3)上餐前饮品

①客户进入餐饮后,服务员应为其拉椅、让座,客户坐下后从右侧为客户铺上餐巾。

②询问客户需要何种酒水,按客户要求送上酒水,并报出酒水名称。

4)开餐服务

①宴会开始后,服务员打开保温炉盖。若客户不多时,可适当将保温炉盖上,以免食品变干、变冷。

②客户取菜时,为客户递上干净的碟;主动使用服务叉勺为其服务。遇有行动不便的客户,应征求意见,为其取来食物。

③巡视服务区域,随时提供服务,发现客户要抽烟时,应迅速为其点烟。若发现烟灰缸内有两个以上烟蒂时,要及时更换。

④随时撤去台上的空盘,客户吃甜品时要及时将桌上的餐具撤去。

⑤整理食品陈列台,以保持台面清洁卫生,并及时补充陈列台各区的餐盘,沙拉、甜品区要摆放冷的盘子。

⑥及时补充陈列食品,要求菜盘不见底,即少于1/3时要及时补充,以免后面的客户觉得菜肴不丰富。

⑦留意酒精燃烧状况,熄灭时要及时更换,并随时整理菜盘中的食品,保持整洁美观。

5)上咖啡或茶

①客户开始吃甜品时,服务员将糖盅、奶罐准备好,摆在桌上。
②询问客户用咖啡还是茶,然后拿新鲜的热咖啡或茶为客户服务。

6)送别客户

①宴会结束,服务员要为客户搬开餐椅,然后站在桌旁礼貌地目送客户离开。
②客户走后,服务员检查座位和台面上是否有客户的遗留物品。若有,应及时归还给客人。
③将各种菜品收回厨房,并将餐具送洗碗间清洗;清洁宴会厅,重新摆台,使其恢复原样。
④宴会厅领班协助宴会主办负责人到收银处办理结账手续。

5.4.4　酒会服务

1)摆台

①服务员准备好摆台用的各种干净餐具和用品(如台布、口布、台裙、自助餐炉、甜品盘、甜品叉、服务叉勺、酒精、蜡烛、牙签筒、烟灰缸、火柴、口纸、鲜花、托盘)。
②根据菜单要求设计台形,并铺上台布,围上台裙。
③根据菜单,将自助餐炉摆放整齐;将酒精摆在自助餐炉下面;甜品叉、甜品盘要均匀地摆在台上;服务叉勺要放在甜食盘上,摆在自助餐炉前。
④根据客户人数,将酒会桌分别设在餐饮不同位置上,铺好台布,围上台裙。
⑤将鲜花摆在酒会桌的中央,每桌每台要分别对称摆放两个烟灰缸、两个牙签筒、两个蜡烛台、两个口纸杯。
⑥将酒台设在便于取饮料的位置,铺好台布,围上台裙。
⑦将准备好的口纸和托盘放在吧台上。
⑧酒会开始前15分钟,点燃酒会桌上的蜡烛。

2）迎接客户

①客户到达后，迎宾员主动向客户打招呼，并引领客户进厅。
②客户入座后，服务员立刻用托盘为其送上酒水。

3）会间服务

①主人致辞时，服务员应主动为客户添加或送上酒水，以便宾主敬酒。
②客户取甜品时，应主动为其夹食品。
③保持食品台的整洁，随时添加甜食盘、甜食叉和甜食品。
④随时清理酒会桌上客户用过的餐具。
⑤随时更换酒会桌上的烟灰缸，并添加牙签、口纸。

4）酒会结束

①酒会结束后，服务员和迎宾员协助主办方送别客户，欢迎客户再次光临。
②客户离开后，服务员清理食品台和酒会桌，并检查有无客户遗留物品，如有，及时归还给客人。
③宴会厅领班征求主办方负责人对酒会服务的意见，并协助其办理结账手续。

5.5　会议经费预算

5.5.1　制定会议财务目标

财务目标分为营利性和非营利性两种。目前在我国举办的大多数会议都不是纯粹的商业活动，财务目标大多是非营利性的，正如财政部对在华举办国际会议的有关文件中规定，举办国际会议所需的经费，其主要来源是国内外与会人员向会议交纳的注册费，应厉行节约，从严控制经费支出，努力做到"以会养会"，将展会的收入来支持相关会议。

5.5.2　成立相应的会议组织机构

由于大多数会议的财务目标是非营利性的，而且政府、有关部门机构划拨全部或部分行政事业经费用于会议经费开支。因此,在会议财务管理中较少计算投资收益,只要能回收启动资金,最终使会议财务做到收支平衡,略有结余即可。而有些公益性、展示性的会议甚至做不到收支平衡,需要考虑从其他渠道获取会议经费。因此,成立相应的会议组织机构,明确人员组织与分工,便于科学制订会议预算。

5.5.3　会议财务预测

会议财务计划管理中很重要的内容是会议财务预测。会议主办者要对会议未来的财务状况作出预先的推测和判断,保证顺利实现会议财务管理的最终目标。会议财务预测是编制会议预算的基础,经常采用的手段有专家调查法、报表调查法、历史类比法和集合意见法等。预测的基本内容包括以下几个方面:

①会议规模的预测。

②会议固定支出的预测。

③会议保本人数的预测。

保本人数 = 会议固定支出/(注册费 - 每位代表的可变支出)

④会议收入的预测。

⑤经济环境的预测。

5.5.4　编制会议预算

1)编制会议预算的目的

在会议财务预测的基础上,编制会议预算能够提供一个定量的会议财务计划,即反映会议固定支出和可变支出是多少;也估算了会议收入是多少,预算最终反映了会议的盈亏。预算的结果收入应该大于支出,否则,就要努力寻找其他会议经费,以保证会议不出现财务亏损。

2)会议预算的组成

会议预算主要是由会议收入和会议支出两部分组成,支出部分又分为固定支出和可变支出两大部分。会议预算表由序号、项目、预算金额、实际金额4部分组成,因实际需要,可以增添更多的内容。固定支出一般可列:申办费用、市场宣传费、考察活动费、征文通知、特邀报告人费用、会议机构活动、会场设备租金、基本办公费用、人工费用、工作人员费用。可变支出可列：住宿费、餐饮费、印刷费、邮寄费、代表用品、服务费、交通租车费等。除此之外，还有赞助费、广告费、旅游费、财政补贴、注册费等。

5.6　会议议程编排

5.6.1　根据议题排序

会议议程是会议主要活动的安排顺序，它主要是对议题性活动的程序化，即将会议的议题按讨论、审议和表决的次序编排并固定下来，以反映议题的主次、轻重和先后，它起着维持会议秩序的作用。

会议议程是对会议所要通过的文件、所要解决的问题的概略安排，会议议程的安排对会议的顺利进行关系重大。如果会议议程由秘书起草，则秘书应根据议题的内在联系、主次、先后排列顺序，用序号将其清晰地表达出来。如果领导决定议事程序和执行方法以及时间分配等，秘书必须配合议程，准备、检查会议的各项工作。

5.6.2　编排时间、地点

编排会议地点时应按照会议各个分议题的主次，参与人数的多少，会议规格，将会议安排在各个分会场，会场大小、规格要与会议规格相一致。时间安排要合理，中途应安排茶歇，以增加会议的效率。

5.6.3　交领导审核

当秘书将时间、地点及对应的议题、发言人、出席人等信息都编排好之后，交由领导审核，领导审定后，会前发给与会者。

5.6.4　讨论生效

领导审核后，经大会讨论生效，作下次会议使用，或将议程表提前告知与会者，经各方协调后最终确定，为即将到来的会议做好准备。

5.6.5　会议议程表设计

①编制会议议程表时,首先应注意议题所涉及事物的习惯性顺序,对于法定型的会议,要看本公司章程有无对会议议程顺序作明确的规定。

②议程表中,第一项是宣布议程,再安排讨论的问题,尽量将同类性质的问题集中排列在一起。

③对于保密性较强的议题,一般放在后面。这样有利于无关人员退场和相关人员进场。

5.7　会议秘书实务

5.7.1　发送会议通知

在拟写完会议通知后,应及时发出会议通知,让与会者做好充分的准备,在选定会议通知的发送时间时,要恰当把握发送时间。如发送过早,容易被人忘记,如发送过晚,与会人员准备不足,影响会议效果。因此,应让与会者在接到通知后,能从容做好赴会准备,并能准时到达会议场所为宜。重要会议的通知发出后,还要及时用电话与对方联系,询问对方是否收到和是否赴会,予以确认。

5.7.2　准备会议材料

会前需准备的会议材料有:

①会议的指导文件。即明确会议的指导思想和主题、提出会议目标和任务的会议文件。

②会议的主题文件。如相关演讲稿、专题报告、领导讲话稿等。

③会议程序文件。包括议程文书、日程安排、表决程序等。

④会议期间相关参考文件。

⑤会议管理文件。包括会议通知、开会须知、证件、保密制度等。

5.7.3　会议报到

与会者报到时,秘书人员需做好以下工作:

①查验证件,确认与会者的参会资格。

②在确认报到人身份后,请与会者在登记表上填写个人姓名、性别、年龄、单位、职务、联系地址、电话等有关信息。

③统一接收与会者随身带来的需要在会上分发的材料,经审查后再统一分发,以免由于与会者在现场自行分发而影响会议和展览秩序,同时也可防止自行分发材料可能造成的其他不良后果。

④分发会议文件、证件、文件袋等会议用品。

⑤预收会务费、食宿费、资料费等费用,当场开具收据或发票。

⑥安排与会者住宿。

5.7.4　会议记录

会议记录有详细记录和摘要记录之分。详细记录一般适用于某些特别重要的会议,某些领导、嘉宾的重要讲话和系统发言等。要求做到尽可能完整地记录会议的整个过程,要求秘书人员速记。摘要记录一般适用于各级党政机关的日常会议。要求择要而记,即选择那些与会议主题相关的内容进行记录。除了书面记录以外,一些重要的会议还会使用音频或者视频手段同时进行记录。音频记录能完整记录与会者的发言内容,便于会后整理,也是书面会议记录的重要补充。视频记录能更加完整地记录会场的整体情况,并能直观再现。会议记录要求快速、准确,要客观、真实、完整、规范、字迹清晰、文字准确,且段落清楚,重要的会议记录要保守秘密,不得透露给无关者,更不能把会议记录内容外传。

5.7.5　会后整理

1)清理会场

撤去会场上布置的会标、席卡、幻灯片等物品,如发现会场有遗失物品,要妥善保管,并及时与失主联系。认真打扫收拾,使会场恢复原状。会场留下的所有纸张要进行整理、清点、归类,找出有用的资料,涉及机密的纸张要用碎纸机销毁。

2) 整理分发会议记录

将完成的会议记录,经会议主席修改确认后,按单位规定发送相关人员。分发时要以从上到下的准则发送,秘书手中要留有分发记录的备份。

3) 形成大会决议、简报或纪要

根据会议主题、议题及会议记录,形成大会决议,根据单位规定,发送有关人员。

4) 写总结向上级汇报会议情况

将会议自筹备到结束的情况写成书面材料,向上级汇报。

5) 收全会议材料,汇编会议文件,并分类、立卷、归档

将会议自筹备到结束的所有文件、材料、重要照片、录音录像、论文集等收全,分类整理归档,以便核查及为今后类似会议提供参考。

测　评

1. 在会议议程安排时,应考虑哪些因素?
2. 作为会议主办方,应做好哪些会前检查工作?
3. 确定与会人员时,应该考虑哪些因素和特点?
4. 会议接待工作所涉及的内容有哪些?
5. 假设你负责本地一家会议服务公司,请根据所学知识,并结合当地实际,向目标客户提供一个完整的会议接待方案。

项目6
展会现场服务

【任务目标】

1. 了解展会现场服务的基本内容；
2. 明确展会现场服务的规范；
3. 掌握展会现场服务的流程。

展会现场部并不是会展公司常设机构,但却是每一次展会召开必不可少的机构。它一般在展会召开前1~2个月成立,部门工作人员可能来自政府、协会、机关、学校,但主要由展会组委会工作人员组成,负责展会召开期间一切事宜。

展会现场服务人员的职位职责包括:

①负责会展(会议、展览、节事活动、场馆租赁、奖励旅游等)项目的统筹安排。

②负责会展的立项、主题、招商、招展、预算和运营管理等方案的策划。

③负责会展的现场运营管理工作。

展会现场服务人员的基本要求包括:

①熟练的会展管理能力,丰富的客户资源及服务经验。

②擅长沟通和商务谈判,熟悉会展项目整体运作流程,执行能力强。

③具有诚信、负责任的品格,对会展行业有强烈的事业心。

④能承担工作的挑战和压力,积极进取,注重绩效。

【导入案例】

上海新国际博览中心服务质量体系

在当前国内展览业竞争日趋激烈的新形势下,大力抓好服务工作已为许多会展企业所关注,它是一个企业建立和维系核心竞争力的重要因素。作为会展产业链的关键环节,展馆无疑是一个综合服务平台,是一种由固定的有形设施加上无形的服务(展览中心员工向顾客提供服务时所表现出的行为方式,包括员工的服务技巧、服务方式、服务态度、服务效率、职业道德、团队精神、礼节仪表等)所组成的综合体。

上海新国际博览中心(SNIEC)——中国第一个中外合资建立和运营的展馆,它不但吸收了国际先进的展馆设计理念,同时也引进了先进的管理模式。自2001年11月开业以来,SNIEC共举办了84场展览会,展览销售面积约达1 900 000平方米,与会参展商和观众分别达39 070家和300余万人。2004年,SNIEC举办的展览会将达60余场,展览销售面积预计达1 700 000平方米。今后两年展馆预定情况也非常乐观,这将进一步巩固和强化其市场地位。SNIEC成功的背后除了得益于优越地理位置,更重要的是与其长期奉行"服务立馆"的理念是分不开的,在实践中,SNIEC的这种人性化的服务常常体现在以下几个方面。

1. 以顾客为中心

展馆依存于顾客。顾客是决定企业生存和发展的最重要因素,服务于顾客并满足他们的需要应该成为企业存在的前提和决策的基础。为了赢得顾客,企业必须首先深入了解和掌握顾客当前的和未来的需求,在此基础上才能满足顾客要求并争取超越顾客期望。为了确保企业的经营以顾客为中心,企业必须把顾客要求放在第一位。顾客的满意和认同是展馆赢得市场,创造价值的关键。

2. 持续改进

持续改进应该是组织的一个永恒目标。质量管理的目标是顾客满意,一方面,顾客需求不断在改变和提高,企业必须要持续改进才能持续获得顾客的支持。另一方面,竞争的加剧使得企业的经营处于一种"逆水行舟,不进则退"的局面,要求企业必须不断改进才能生存。结合展览过程中出现的问题,SNIEC长期以来坚持服务质量持续改进计划,例如曾有位外商提出来,展馆南入口大厅与班车停车点距离较远,遇到下雨时,到会客商淋湿了非常尴尬。SNIEC 采纳了他的意见,在停车点和南入口大厅间安装了雨棚;还有,考虑到展馆间距离较远,以及观众在参观展会一段时间后大多比较劳累,SNIEC 增设了馆内免费穿梭电动巴士,并在东侧连廊下加装休息座椅,给观众、参展商创造了一个和谐的参观休息环境。此外,在展览的淡季通常还会有针对性地进行一些技术改造项目,包括广场车道路面翻造更人性化标志导引系统等,所有这一切的改进措施都是以方便顾客为出发点。

3. 质量测评

高质量的服务测评是通过有效地控制过程来实现的。为了能发现服务中的问题和提出改进建议,SNIEC 建立了服务测评机制,例如,以问卷调查的方式对参展商、观众和主办者实施定期的顾客满意度调查,以便能够及时了解他们的需求以及对当前服务的测评,将服务质量测评工作变成提升 SNIEC 服务质量的催化剂和助推器。另一方面,是加强与国际一流会展中心的合作和交流,通过与标杆企业的对照,来进一步提升自身的服务品质。例如,2003 年 11 月 7日,上海新国际博览中心与新加坡国际会议博览中心、日本会展中心宣告正式成立亚太会展场馆战略联盟,目的在于加强三方在客户服务、市场营销、运营管理、设施技术、研究等领域中的合作与交流。从某种意义上说,此次战略合作为SNIEC 提供了一个学习和吸收国际先进服务理念和经验的机会。

4. 教育培训

优良的硬件设施是客户服务的基础,而优良的服务则能为公司创造更多的利润。亚太地区的一流展馆有很多,例如香港会展中心、新加坡展览中心等。从硬件设施上来说几个展馆都不分上下,因此如何提高软件服务的质量就成了增加展馆竞争力的关键。作为软件服务中人的因素——展馆服务人员所表现出来的思想、行为和意识可以说直接反映了展馆的服务质量,影响着展商和观众的消费心理和对展馆的印象。因此,推行多层次、多种类、多规格的服务培训,充分发挥和保持服务人员的潜力是十分必要的。SNIEC 教育和培训的目的有两个方面。第一,加强服务人员的服务和质量意识,牢固树立"顾客为先,质量第一"的思想。第二,提高服务人员的专业技能,增强服务技巧和效率。例如,SNIEC 曾多次聘请国际专业管理培训机构,并基于展商、观众和主办者的反馈意见,对客户服务第一线的员工进行有针对性的教育和培训,如搭建过程中员工的讲话态度,对那些不理解的客户如何处理等,结合实际和具体事例进行培训,使员工感到仿佛是现场情景的再现,或未来可能遇到情况的假设,实用性很强,同时,增强了员工对企业文化的理解和认同,最终的目的是让服务人员以他们的精心工作、热情周到的服务、友好和事事相助的态度,以及运用娴熟的服务技能和技巧,让每一位与会客商在经历 SNIEC 服务的过程中,真正体验到一种宾至如归的感觉。

【案例分析】

在现代展会服务体系中,不同的展会场馆为了体现自身的优势和特色,会为参展商和观众提供个性化的服务。这些个性化的服务成为场馆经营管理的闪光点,吸引更多的参展商前来参展,也给观众留下了深刻的印象。上海新国际博览中心服务理念先进,积极向国际同行学习,SNIEC 的员工"以他们的精心工作、热情周到的服务、友好和事事相助的态度及娴熟的服务技巧"赢得了参展商和观众的信赖。SNIEC 的成功服务经验对会展活动其他环节的服务都有一定的借鉴意义。

6.1 展会观众观展行为分析

一次成功的会展服务必须能够确切了解观众在展览现场,特别是在展台前的行为表现,并据此合理推测观众当时的心理以及展后所能留在观众心中的观展体验,以便于企业判断本次参展效果如何,下次参展应该强化什么,应该避免什么;增加能对观众行为造成积极影响的活动。同时,通过对观众观展行为的研究,识别哪些观众对参展商产生积极的参展影响,哪些观众对参展商的参展行为产生消极影响,这些信息对组展商进行科学合理的观众邀请与组织工作有着非常重要的意义。

6.1.1 展会观众观展行为构成

会展包括会议、展览、大型节事活动等集体性活动,而会议、大型节事活动与展览会的观众又有着本质的不同。一般来说,展览会的观众分普通观众和专业观众。普通观众是指参加展览会但并不一定购买和采购,或采购量非常少的观众。他们一般是因"看看""了解"和"陪同他人"等或"其他利益"驱动等原因来到展览会现场。专业观众又称贸易观众,是指在展览会上从事产品的设计、开发、采购、销售、服务以及与之相关的科研、政策研究的人士。

观众的行为由两部分组成:一是心理行为(心理活动),即观众心理上的感受反馈与目的的形成;二是物理行为,即生理上的感观反馈与行动过程。这两部分是相互影响、相互作用的,它们共同构成观众的观展行为。由于观众观展的心理行为具有强隐蔽性,但通过其物理的行为可推测其心理行为,因此本文分析的是观众观展物理行为,也就是观众在观展过程中所表现出来的生理上的感观反馈。感观反馈是指通过感观传达的反馈形式,比如,当你做出某种行为时,你身体的感觉系统,包括皮肤、眼睛等,便将其所获得的有关这一部分身体的运动信息反馈给大脑,以便能够感觉到肢体在行为,且是怎样行为的和外在的行动过程。对于任何一个展会或任何一个参展商,观众的构成都是一个多层次、多类型、庞大而复杂的结构体系,因此观众的观展行为表现也是一个复杂的多样化体系,只有全方位地、分层次、分类型地研究,才能得出科学合理的有价值的观众观展行为研究结果。

6.1.2 展会观众观展行为分析

1)观众观展行为的类型

观众观展行为是一个异常复杂的系统,全面把握观众观展行为类型有利于参展商和组展商正确分析观众观展行为特点和行为过程。不同角度、不同分类标准条件下,观众观展行为的类型也不同,表现出的行为特点及行动过程自然也不同。

①按照观众观展目的不同,可将观众观展行为分为:采购(购买)行为、市场行为、科研行为、关系行为、学习行为、娱乐行为、获利行为等。

采购(购买)行为,是指企业观众(自然观众)带着为公司采购(购买)产品的目的参加展会所表现出来的行为,这类观众所表现的行为中更多的是对参展商的产品质量、品牌、价格,展位设计中关于产品和企业竞争力,以及独特性等的特别关注。

市场行为,是指经销商或生产企业等观众,为了了解行业发展状况、市场发展前景、消费者需求、竞争对手情况、新产品信息及行业技术发展情况等信息而表现出来的行为。

科研行为,是指技术人员、管理人员、科研人员、设计人员等观众,为了了解行业的最新技术、科学技术的运用情况及科技的进步或其他科学技术研究等在展会现场或相应研讨会中所表现出来的行为。

关系行为,是指为建立与展会现场参展商、其他观众的人际或商贸合作往来关系而表现的行为。

学习行为,是为学习他人先进科学技术及管理经验等而表现出来的行为。

娱乐行为,是欣赏参展商和组展商在展出过程中的娱乐表演,以及因为无聊而到展会现场寻找其他娱乐活动的行为。

获利行为,是一些人争抢展会现场观众丢弃的广告宣传资料或排队领取展商赠送的礼品等获取利益的行为。

②按照观众与展商洽谈的程度可分为:洽谈成功并下订单的行为、洽谈成功已签合同的行为、初步洽谈并有意向的行为、对某个条款或价格谈不拢的行为、对某方面资料感兴趣的行为、随便看看随便问问的行为。对以上不同的行为,参展商应分别予以统计分类并整理,为下一步的展后跟进做准备。比如,是抓紧时间签合同,还是根据其行为反应采取措施,在展后更进一步打动观众;是就某个方面让步,还是寄给其感兴趣的资料等。

③根据观众性质不同可分为:专业观众行为和普通观众行为。专业观众和普通观众在展位前所表现的行为是不同的,工作人员应善于对不同观众的行为进行总结分析,以快速判断哪些是专业观众,哪些是普通观众。

④根据观众代表的利益方不同可分为:企业观众行为、科研院所观众行为、行政管理部门观众行为、家庭观众行为、自然观众行为。

2)观众观展行为特征分析

观众观展行为表现出一系列特征,了解观众观展行为特征有利于参展商和组展商正确地进行观众观展行为分析。展会、地域及组织者等不同,观众观展特征也不同,但无论任何情况下,展会观众观展行为都表现出以下基本特征:

①差异性。所谓差异性,是指不同观众在同一展位前表现的行为不同。由于不同观众的年龄、身份、地位、收入、职业、兴趣、爱好、情感、情绪、气质、性格

以及参展目的等的不同,对同一外在刺激的反应必然也不同,因此,参展商和组展商应对观展观众进行分类,并针对主要期望类型的观众设计相应的刺激手段,以引起其共鸣,并进而产生期望的行为反映。

②变化性。所谓变化性,是指同一观众在观展过程中所表现出来的行为是变化的,不固定的。对观众现有行为(不管是企业期望出现的行为,还是不期望出现的行为),参展商都应随时准备应对其行为发生变化,对期望行为应及时强化,防止该行为转化为不期望行为;对不期望出现的行为要坚信,只要措施得当,该观众的这种行为随时可能转化为自己期望的行为。

③外在刺激依赖性。外在刺激依赖性,是指观众观展行为对外在刺激有很大的依赖性,即某种行为之所以产生,是因为外在环境中出现了刺激这种行为产生的因素。展会现场的嗅、味、听、触、视等因素对观众的刺激,以及通过他人和过去的经历所形成的态度是观众行为产生的重要因素,所谓"闻香识玉、先声夺人、眼见为实、先入为主"等都说明了这个道理。观众观展行为外在刺激依赖性表明,观众行为是可影响和可导向的,组展商和参展商可通过展会现场气氛、展台布置及相关活动的设计,引导观众的观展行为。观众观展行为外在刺激依赖性能否被成功运用,关键是看外在刺激与观众心理和观众需要能否引起共鸣。只有能引起共鸣的外在刺激,才能对观众观展行为产生影响。例如,某行业展会上,NEC在展台上挂出了巨幅"谁能看透我的'芯'"的宣传标语,立即引起了关注保密芯片的参观者的注意。该展台之所以能引起参观者的注意,根本原因是:宣传标语"谁能看透我的'芯'"与观众希望了解芯片保密情况的需求产生了共鸣。在2005年国际橡塑展上,加拿大科玛公司展台上的一个展板吸引了过往观众们的目光。科玛公司不仅打出了"增强法律意识、维护知识产权、净化竞争环境、停止侵权行为"的口号,还声称两家公司侵犯了科玛公司的知识产权。毋庸置疑,这块展板与观众对知识产权的关注不谋而合,因此,它对观众观展行为的影响也就可想而知。另外,外在刺激能否对观众行为产生影响,与外在刺激出现频率有很大关系。比如,如果在展会上只有一家参展商在举办抽奖活动,就会成为展会上的一个亮点,从而吸引更多观众的注意力。如果以抽奖活动的形式来吸引观众的注意力已是司空见惯的手段,那该手段肯定很难再吸引更多观众的注意力。因此,工作人员在与客户交流时,一定要有针对性地向客户传达出产品的独特卖点。面面俱到不一定总能奏效,特别是在新产品云集的展会上。在产品的独特卖点上应集中发力,去同存异地发。

④可观测性。可观测性,是指通过认真细致的观察,工作人员可以观测到观众的观展行为,并进而对观众行为和心理进行推理、分析。这意味着只要你

留意更多细节,多方面获取观众的静态和动态信息,从观众所表现的签到表格、现场观察、观看展位录像、完成问卷调查、交谈询问、合约签订及产品购买等方方面面的信息,都将有助于你了解、分析、判断观众的观展行为。

6.1.3　观众观展行为产生过程分析

观众某种观展行为的产生一般都经历一个从刺激到行为的过程。首先,观众感官系统接收到参展前外部环境和展会现场外部的刺激,这些刺激包括:展前、展中他人的言论、观点及态度;组织者的宣传、广告,参展商所举行的各种活动;展品、展台设计、展馆、工作人员着装;运用图表、资料、照片、模型、道具、模特或讲解员等所展示的展品质量、功效、技术含量和企业品牌与形象等。其次,这些刺激作用于观众的中枢神经系统,并与其内心的需求、欲望等相互作用。再次,两者相互作用的结果通过肌肉、腺体等反应器官作出对应的反应。最后,这些反应表现为观众外在的行为过程。了解观众观展行为产生的过程,参展商可有效地防止在参展过程的无效行为,从而提高其参展效果。

观众观展行为是一个值得参展商、组展商和对会展感兴趣人士关注的问题。深入细致地了解会展观众观展行为的含义、类型、特征、产生原因、产生过程及影响因素,对参展商和组展商科学合理地参展、组展有着积极的意义。

6.2　咨询台服务

6.2.1　咨询服务

1)培训工作

语言:服务语言要以普通话为主;如遇使用方言客户,要以普通话首问,可根据客户回答情况调整用语;语言要规范、准确、简洁,语句清晰,音量适中;要善于倾听,言谈得体;要坚持使用"您好、请、谢谢、对不起、再见"等文明用语;避免使用专业术语,便于客户理解。

2)准备工作

①示牌服务。咨询台人员上岗须佩戴规范挂牌(胸牌)或摆放统一服务标

志牌。

②统一着装。咨询台人员应按要求统一着装,保持服装整洁合体。

③仪容仪表。咨询台人员发式应端庄大方,佩戴饰物应简单得体,女员工应淡妆上岗。

④登记待处理事项。

⑤登记工作日志,为工作做好准备。

⑥清理桌面,保持咨询台环境整洁。

⑦打开日用设备机具及电源。

3)问候咨询客户

①迎接客户时:您好,欢迎光临;欢迎您光临。

②寒暄语:早上(中午,下午,晚上)好;今天天气不错;天气开始暖和起来了;天气开始冷起来了,您要多注意啊! 下这么大的雨,您还特意来,辛苦了!

③表示感谢的语言:谢谢;谢谢您再次光临;大老远跑到这儿来,真是太感谢了! 多谢您的帮助。

④回答客户:是;是的;知道了。

⑤有事要离开客户时:对不起,请稍候,我有事要离开一会;抱歉,请稍等一会;麻烦您等一下;对不起,我离开一下,马上就回来。

⑥被客户催促时:实在对不起,马上就好;请再等一下;让您久等了;对不起,让您等候多时了。

⑦询问客户时:对不起,请问是……?

⑧向客户道歉时:对不起;实在不好意思;很抱歉。

⑨使客户为难的时候:让您为难,真不好意思;给您添麻烦了;真是过意不去;请原谅。

⑩说完全懂了的时候:明白了……。知道您的意思了;听明白了;清楚了,请您放心。

⑪被客户问住了时:不好意思,我去问一问,请稍等;我有点搞不懂,让我去问问经办人。

⑫请客户坐时:您好,请坐;请坐,让您久等了。

4)倾听客户咨询

①平息客户不满的技能:保持平静、不去打岔;专心于客户所关心的事情;面对口头的人身攻击时不采取对抗姿态;减少其他工作和电话的干扰;体态专

注、面部表情合适;与对方对视时眼神很自信;耐心地听完对方的全部叙述后再作出回答;适当做些记录;表现出对对方情感的理解;让客户知道所允诺的帮助是真诚的;知道在什么时候请求别人的帮助;语调自信而殷勤;不使用会给对方火上浇油的措辞;避免指责自己的同事或公司引起了麻烦;不满的客户走了以后,能控制自己的情绪。

②如何面对激动的客户:先别急于解决问题,而应先抚平客户的情绪,然后再来解决客户的问题;客户会因激动而口不择言,而事实未必是那么回事;客户不是对你个人有意见——即使看上去是如此;当碰到这样的客户时,务必保持冷静,仔细听;解决问题时,一定要针对问题,不要针对人。

③当客户填写凭证或表格有问题时如何告诉他:对事不对人;不要直接指出客户的错误;用"我"来代替"你",不要说"你弄错了或你误会了",可以说"对不起,我没有讲清楚";不要责备客户。如果有什么地方弄错了,尽可能地用"我"字开头;避免下命令;有礼貌地把命令重新表述为请求。

④如何安抚需要等待的客户:空闲等候比有事做的等候感觉时间长,因此,预知客户将较长时间等候时,可找报纸或杂志给客户看;没进入程序的等待比进入程序的等待感觉时间长,因此,让客户明白你已经正在为他办理业务;有疑惑的等待感到时间长,因此,先解释为什么需要客户长时间等待;没有时间范围的等待比预先知道的、明确时间的等待感到时间长,因此,可先告知客户大约要等多长时间;没有解释的等待比有解释的等待感到时间长,因此,多作解释;不合理的等待比合理的等待感到时间长,因此,让客户明白他的等待是必需的。

⑤如何面对客户的指责:不要试图辩解;真诚地致歉;帮客户出主意解决问题。

例如,客户指责展会治安状况不好,小偷多。

不要说:"是不是你们把东西遗漏在什么地方了。"

表示道歉:"实在对不起""对不起,给您添麻烦了。"

帮客户解决问题:"我们尽快帮你解决。"

5) 工作结束

①登记待处理事项。
②登记工作日志,为次日工作做好准备。
③清理桌面,保持咨询台环境整洁。
④关闭日用设备机具及电源。

6.2.2 处理投诉服务

1) 倾听记录

①专注地倾听客户诉说,准确领会客户意思,把握问题的关键所在。

②必要时察看投诉相关业务资料,迅速作出判断。

③向客户致歉,作必要解释,请客户稍为等候,自己马上与有关部门取得联系。

④跟进处理情况,向客户询问对处理的意见,作简短祝词。

2) 经理处理

①倾听客户诉说,确认问题复杂性。

②请客户移步至不引人注意的一角,对情绪冲动的客户或从外地刚到达的客户,应奉上茶水。

③耐心,专注地倾听客户陈述,不打断或反驳客户。用恰当的表情表示自己对客户遭遇的同情,必要时作记录。

④区别不同情况,妥善处置。

⑤着手调查。必要时向上级汇报情况,请示处理方式,作出处理意见。

⑥把调查情况与客户进行沟通,向客户作必要解释,争取客户同意处理意见。

⑦向有关部门落实处理意见,监督、检查有关工作的完成情况。

⑧再次倾听客户的意见。

⑨把事件经过及处理情况整理文字材料,存档备查。

3) 跟踪反馈

①将处理结果及时告知客户,询问是否还有其他意见。

②一周后再次联系进行事后调查,记录可改进建议。

4) 工作结束

工作结束,将相关材料存档。

6.2.3　知识产权保护服务

虽然会展业的发展有目共睹，但是展会知识产权侵权的现象也屡见不鲜。如上海汽车零部件工业展览会冒充上海国际车展会的网址和内容，导致多家参展商损失两三百万元参展费；2008 年 3 月 6 日德国汉诺威国际电子通讯展上，51 家中国企业的电子产品被控侵犯 MP3 专利；2009 年第 23 届中国国际陶瓷工业展期间，一家企业被指侵犯广州从化新科轻工设备厂的实用新型专利和外观专利权；2010 年 3 月举行的东莞国际家具展上，帝标家具侵犯东莞楷模家居用品制造有限公司的系列专利产品等。展会知识产权侵权问题已成为阻碍会展业进一步发展的瓶颈。

1）认识展会中的知识产权侵权类型

根据 2006 年商务部、国家工商总局、国家版权局、国家知识产权局审议通过的《展会知识产权保护办法》（以下简称《保护办法》）。展会知识产权保护是指对在中华人民共和国境内举办的各类经济技术贸易展览会、展销会、博览会、交易会、展示会等活动中有关专利、商标、版权的保护，其具体内容围绕着专利权、商标权、著作权这三类权利的保护而展开，对参展方的侵权责任进行规定。但纵观我国目前举办的各类展会以及所参加的一些国际性展览会，除了侵犯专利、商标和版权这三大类型外，还存在其他形式。

①专利侵权。由于专利权具有强烈的专有性和排他性，未经权利人许可，他人均不得以生产经营目的擅自使用、生产、销售或进出口专利产品及假冒他人专利，否则即构成侵权。因为专利涉及的范围最广且又相对比较容易被识别，因此在展会中，这类侵权存在的数量最多，其主要有展品侵权、外观设计专利侵权以及新产品被抢先申请专利等。

②商标侵权。商标也和专利一样具有专有性和排他性，一旦申请注册后，其他人未经许可，不得使用。商标侵权曾在展会中大量存在，尤其是仿冒一些国际知名品牌商标的侵权行为。但随着企业知识产权意识的提高，这类侵权行为在大型的知名展会中已逐步减少，但在一些小型的或较低档的展览会中还存在。

③软件侵权。展会中出现的软件侵权主要表现为，在展会现场以演示为目的的电脑使用盗版软件和展品本身使用盗版软件，以及销售盗版光盘等现象，这类侵权在《保护办法》中并无相应的法律规定，故需比照《计算机软件保护条

例》及国际公约的相关规定来对其进行认定。

④展会名称或展会品牌侵权。我国每年举办的展会项目超过4 000个,平均每天有10个以上的展会在举办。但相当部分展会规模小、周期短、生命力不强,而且重复办展、时间密集、秩序混乱等问题也比较突出。很多有名气、效果好的展会经常会遭到模仿,无序竞争让参展商和观众无所适从,但《保护办法》没有提及展会名称、展会品牌被侵权的问题,只是笼统地规定了展会期间的商标和版权受法律保护,如何将已经形成品牌的展会和已经成熟的展会当作知识产权进行保护,显然需要有更完善的法律规定。

⑤展会标志侵权。一些大型的、著名的展览会经常会有自己的标志或会徽,这些标志本身就是一种无形资产,再加上政府、组织者对展览会投入大量的资金,使得展览会的品牌效应日益突显,规模越来越大,参展商越来越多,知名度也越来越高,这些展览会标志的商业运作价值也随之越来越突出。一些不法商人借机冒用展览会标志的现象也就时有发生,由于我国目前并没有专门的法律法规对展会标志进行规定,因此对其的保护比较复杂。

⑥展台设计布置侵权。展台设计是展览工作的重要组成部分,展会中经过精心设计与布置的展台会给展览会增添亮丽的风景,为展会贸易创造良好的环境,展台设计也反映了参展企业的形象,表达了参展企业的意图,因此设计独特的展台能为参展商带来更多的经济效益。但也有一些参展商为了省钱,常将别人的设计拷贝后略加修改而变成自己的展台设计。

2)展会知识产权保护

(1)设立展会知识产权监督管理机构

展会主办方必须成立相关知识产权监督管理机构、部门,聘请相关专业人士,为参展单位提供知识产权法律、政策咨询和服务、发布实施知识产权保护的相关公告,依法处理知识产权纠纷,对知识产权侵权行为严厉查处,从而保护国内外经营者和消费者的合法权益,营造良好的知识产权法律保护环境。

(2)督促政府建立相关法律法规,组织学习相关制度

政府是政策、法律、法规等公共产品的提供者,针对我国展会知识产权方面法律规定的不足造成的某些侵权现象,政府要制定相关的法律法规,建立会展经济市场化运行机制,将会展纳入到法制的轨道上来。可以在现有法律法规的基础上,不断完善,逐步改进,如尽快对一些现行法律法规没有规定的,但又大量出现的展会侵权行为予以规定,如展会名称问题,一旦时机成熟,再制定高层

次、高效力的法律,为企业创造一个有序的竞争环境。同时还可参照国外的一些做法,如合理借鉴德国的《临时禁令》,法、意等国的以刑事手段对侵权行为进行威慑等相关措施,为我所用。同时,可将展会中发生的知识产权侵权案例,选取较有影响力的汇编成册或进行通报,一方面可作为今后相似案件的参照,另一方面也可对企业起到警示作用。

(3)充分发挥行业协会的协调和约束作用

我国的会展行业协会要充分发挥其协调和约束作用,如进行协会成员的知识产权培训,协助知识产权执法部门查处会展中各种侵权案件,对侵权行为人进行惩戒等,建立知识产权的自律制度,制定知识产权的自律规则,做好政府和企业间沟通,营造展会知识产权保护的良好环境。可以借鉴国外成功的例子,如德国的 AUMA 对参展商、组织者进行多方面保护。

(4)增强企业的知识产权意识

对企业而言,无论是组织者还是参展方,必须增强知识产权意识,善于通过多种途径解决知识产权纠纷,对于现行法律法规没有涉及的,但又迫切需要保护的一些智力成果,企业可以在现有的法律框架和体系范围内,寻找解决的途径。比如针对展会标志,如果展会标志符合商标的要求,可以申请注册商标,参照《商标法》的有关规定保护;如果符合外观设计的要求,可申请专利保护;如果具备著作权的相关要素,则可以《著作权法》来进行保护;如果有些展会标志分别具有上述特点,则可以分别申请,综合保护,当然还可以申请反不正当竞争法上的保护等,但由于组织者和参展方在展会中的角色不同,其具体的措施也不尽相同。

(5)强化展会组织者保护措施

对展会组织者而言,要加强展会前、展会中和展会后的知识产权保护措施。在展会之前,做好展会知识产权保护的宣传工作,与参展企业签订知识产权保护条款或合同,落实参展企业的排查工作,对不符合要求的坚决不让其参展。在会展期间,积极配合相关机构开展执法工作,聘请执法人员和法律专家开展咨询服务,维护展会的正常秩序,及时处理侵权投诉。在展会之后,督促相关机关尽快处理未了事宜,对查证属实的侵权行为及时汇总通报等。

(6)强化参展企业保护措施

对于参展企业,其要重视技术创新与开发,学会科学的创新与开发方法,同时注重自身的知识产权保护。一方面要通过专利检索,及时申请专利和注册商标等加强对自己产品的保护。另一方面也要严厉打击违法侵权行为,善于运用法律武器来维权,一旦发现其他组织或个人有侵犯知识产权的行为,绝不姑息。相信通过政府、行协、企业之间的相互作用,共同努力,一定能够提高我国会展业的整体水平和保护力度,促进我国会展业的进一步发展。

6.3 志愿者服务

"志愿者"(volunteers)是一个没有国界的名称,指的是在不为任何物质报酬的情况下,为改进社会而提供服务、贡献个人的时间及精神的人。

志愿者协会给"志愿者"的定义是:不为物质报酬,基于良知、信念和责任,志愿为社会和他人提供服务和帮助的人。

在香港,志愿者被称为"义工",志愿者行动叫做义务工作。在台湾,志愿者称为"志工"。香港义务工作发展局则将"义工"("志愿者")定义为,在不为任何物质报酬的情况下,为改进社会而提供服务,贡献个人时间及精神的人。同时将义务工作定义为:"指任何人志愿贡献个人的时间及精神,在不为任何物质报酬的情况下,为改进社会而提供的服务。"《青年志愿服务条例》第二条规定:志愿服务是指自愿、无偿地服务他人和社会的行为。青年志愿者是指热心参加志愿服务活动的青年。

广而言之,志愿者是指任何志愿贡献个人的时间、精力、金钱及精神,在不谋求任何物质报酬的情况下,从事社会公益与社会服务事业,为改进社会和推动社会进步而提供服务的人。

志愿工作具有志愿性、无偿性、公益性、组织性四大特征。有些人片面地认为从事志愿工作是慈善为怀、乐善好施的表现,把志愿工作看成一种单方面的施予;认为志愿工作只是为了减轻专职人员的工作负担,把志愿者当做"廉价劳动力";认为只有那些不愁衣食及有大量空余时间的人,才有资格或才会参加志愿工作。其实,每个人都有参与社会事务的权利和促进社会进步的能力,同样,每个人都有促进社会繁荣进步的义务及责任。参与志愿工作是表达这种"权利"及"义务"的积极和有效的形式。在服务他人、服务社会的同时,自身得到提高、完善和发展,精神和心灵得到满足,因此,参与志愿工作既是"助人",亦是"自助",既是"乐人",同时也"乐己"。参与志愿工作,既是在帮助他人、服务社会,同时也是在传递爱心和传播文明。志愿服务个人化、人性化的特征,可以有效地拉近人与人之间的心灵距离,减少疏远感,对缓解社会矛盾,促进社会稳定有一定的积极作用。

对社会而言,志愿活动具有以下积极意义:

①传递爱心,传播文明。志愿者在把关怀带给社会的同时,也传递了爱心,传播了文明,这种"爱心"和"文明"从一个人身上传到另一个人身上,最终会汇聚成一股强大的社会暖流。

②有助于建立和谐社会。志愿工作,提供了社交和互相帮助的机会,加强了人与人之间的交往及关怀,减低彼此间的疏远感,促进社会和谐。

③促进社会进步。社会的进步需要全社会的共同参与和努力。志愿工作正是鼓励越来越多的人参与到服务社会的行列中来,对促进社会进步有一定的积极作用。

对志愿者个人而言,志愿活动具有以下积极意义:

①奉献社会。志愿者通过参与志愿工作,有机会为社会出力,尽一份公民的责任和义务。

②丰富生活体验。志愿者利用闲余时间,参与一些有意义的工作和活动,既可扩大自己的生活圈子,更可亲身体验社会的人和事,加深对社会的认识,这对志愿者自身的成长和提高是十分有益的。

③提供学习的机会。志愿者在参与志愿工作过程中,除了可以帮助人以外,更可培养自己的组织及领导能力。学习新知识、增强自信心及学会与人相处等。

对服务对象而言,志愿活动具有以下积极意义:

①接受个人化服务。志愿者服务,提供大量的人力资源的同时,更能发挥服务的人性化、个人化及全面化的功能,从而令服务对象受益。

②帮助融入社会,增强归属感。通过志愿者服务,能有效地帮助服务对象扩大社交圈子,增强他们对人、对社会的信心,同时,志愿者以亲切的关怀和鼓励,帮助服务对象减轻接受服务时的自卑感和疏远感,从而使其建立自尊心和自信心。

不论个人或社会都可透过参与义务工作而得益及进步:

①个人:扩大生活圈子、肯定自我价值、学习新技能、得到满足感。

②机构:提升员工士气及公司形象、促进团队精神和生产。

③社会:帮助有需要的人,为他们带来希望和温暖;并且善用社会资源,加强市民的归属感。

6.3.1 志愿者随车服务

1) 随车前准备

①乘坐中型或大型轿车时,一般以前排即驾驶员身后的第一排为领导或客人座位,其他各排座位由前而后依次乘坐。

②乘坐小轿车一般座次为:后排右座,后排左座,副驾驶座。

③乘坐吉普车时,副驾驶座为上座,其他座位依次为:后排右座,后排左座。

④陪乘车时,要请宾客坐第一座位。上车时,陪同人员要给领导或客人打开车门,请客人先上车,待他们坐好后关上车门;下车时,为领导或客人打开车门。进出车门时,为其用手遮挡车门上沿。

⑤坐在轿车后排左座的人,要等后排右座的人下车后再下车。

⑥需要到车另一侧时,要从车后绕行。

2) 明确活动内容

接到随车服务保障任务时,首先应明确整个活动方案及参加人员组成部分,了解路线及考察点情况,以便及时通知人员按时登车,在车上告之领导行程安排。

3) 车辆检查

应在任务出发前30分钟协同驾驶人员检查好车上开水、矿泉水的配置情况(视天气情况提前备雨伞)。

4) 迎候引导领导上下车

①领导上车前,正姿立于车门右侧,引导领导登车,待全部人员登车完毕时再上车,迅速目测清点人数后,告知驾驶人员关闭车门、准备发车。

②停车目的地到达前1分钟应从副驾驶位提前站到车门台阶处,待车停下,第一个下车,仍立于车门右侧,引导领导下车。引导上下车时应微笑提示领导"小心台阶"等。

5) 自我介绍

通常在全部人员首次上车坐定后,志愿者应站到车门台阶处向领导来宾问好及自我介绍,介绍时要求充满信心、亲切微笑、自然大方,首先向宾主点头致意、再问好、致欢迎词介绍自己,告知行程安排。(例:大家好! 首先对各位领导的到来表示热烈欢迎,欢迎大家来到合肥考察指导,我是今天随车为您服务的志愿者,希望我们的服务给您留下美好的印象。现在就由我来介绍一下咱们今天的行程安排……)

6) 志愿者随车基本要求

①着装要求端庄、大方、整洁(一般着套装),不许佩戴夸张、另类、花哨的各类饰品,女同志可以化与服饰协调的淡妆,不得浓妆艳抹;头发保持清洁整齐,发型不得夸张,鞋跟不得高于 5 厘米。

②随车服务全程要做到微笑服务、迎送有声;要时刻注意讲解介绍的时机和场合,不可强行打断领导及客人的谈话。

③服务人员在车内的座位通常于副驾驶位或副驾驶后位、随车服务时不得在领导及客人面前化妆、吃东西、与驾驶人员聊天、打接与本次任务无关的电话或大声打接电话等。

④在车前迎送时应注意立姿,不得背曲膝松、手插在口袋等不端庄的姿态,应头正、颈直、肩平、收腹挺胸、微笑自然、精神饱满;在车内的坐姿要求:上身端正、坐落动作轻盈协调,坐副驾驶位时身体略转向左侧 45°,可以随时观测领导在车内的活动、及时服务、适时讲解,也便于领导临时吩咐事项。

6.3.2　志愿者一日服务

1) 正确穿着志愿者服装

志愿者服装装备一般包括短袖 T 恤 2 件、外套上衣 1 件、外套长裤 2 条、帽子 1 顶、腰包 1 个、水壶 1 个、背囊 1 个。相关装备展示如图 6.1 所示。

①短袖 T 恤:男款短袖 T 恤领子须翻下,女款短袖 T 恤领子须立起;T 恤拉链须拉至一半以上;女款 T 恤里面须着浅色素纹内衣。

②外套上衣:外套上衣不可完全敞开,衣领翻正。上岗服务期间,外套上衣外不可另穿其他服装。

③外套长裤:长裤裤脚不可卷起。

④帽子:帽檐须在额头正前方。长发女志愿者戴帽须束发。

⑤其他配件:与志愿者装备同类的物品,只要装备中已配备的,必须选择志

图6.1 志愿者服装展示

愿者装备,如腰包、水壶、背囊,不可另带自备物品至服务岗位。

⑥志愿者服装装备专人专用,不得借给他人使用。

⑦建议自配白色或浅色运动鞋,勿穿凉鞋。

⑧志愿者装备之外的饰品不可过多或过于夸张,不可佩戴墨镜,不可使用味道较浓的香水,不适合化浓妆。

⑨志愿者装备须保持清洁,无异味。

⑩穿着志愿者服装时,请注意个人言谈举止,自觉维护志愿者形象。

⑪禁止佩戴与会展项目、志愿者以外的无关徽章。

⑫非雨雪天气不可在服务期间撑伞。

⑬志愿者拿到的衣物尺码应与登记尺码相同。如有尺码不符,可与发放者联系,更换装备。

2) 志愿者证件的佩戴与保管

①上岗期间必须佩戴志愿者证。作为志愿者身份的证明,应妥善保管好自己的证件。

②志愿者领取证件后应自行贴上照片,并贴上封口条。

③务必贴上本人一寸彩照,并保持证件封口条完整,若有缺损,该证件即视作无效证件。

④志愿者证只限本人使用,不得转借他人。

⑤若证件损坏或遗失,应及时逐级报告。

⑥证件补办程序。若需补办证件,如证件损坏、遗失,证件信息调整,人员调配增补等,各工作站负责严格审核,分类汇总,填写站点志愿者证件补办申请表,报志愿者部招募和运行保障组各相应片区联络员。

3)遵守到岗时间

志愿者应提前 15 分钟到岗。

(1)早班志愿者

①打扫服务站点,确保站点整洁。

②查看《物资保管交接手册》中前一班是否记录完整,是否有损坏设备记录。

③打开液晶电视机、移动电话机、考勤机、笔记本电脑,检查是否正常。

④正确摆放各类会展项目资讯手册,注意语言种类,分类摆放。

⑤如实填写《物资保管交接手册》,遇到物资不全、故障等及时告知相关负责人处理。

(2)晚班志愿者

①与上一班志愿者做好物资交接,并如实填写《物资保管交接手册》。

②交流相关需特别注意的事宜。如分站资讯、新到物资、客流情况或其他重要信息。

③检查各类世博资讯手册是否需补充上架。

4)召开班前会

在上岗前进行班前会,安排本班次志愿服务的工作内容,进行工作提醒,强调注意事项,清点站点物资,检查卫生情况,核对考勤情况,整理着装,发放出勤纪念徽章等,如图 6.2 所示。

5)做好物资管理和交接

志愿服务站站长负责本站物资的保管和维护工作。各服务站站长每天要认真做好物资的保管和交接工作。

(1)物资维修流程

站点内物资发生损坏或故障需要修理时,及时联系维修,并在管理系统里进行登记,做好备案。

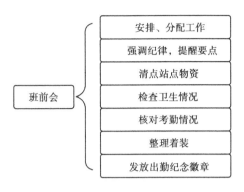

图6.2　班前会具体内容

（2）站点物品交接流程

每天每班次的服务站站长都须认真填写《站点物资保管交接手册》中的《志愿服务站点物品保管交接表》。上岗时,本班次服务站站长应先对上班次站长填写的《物品保管交接表》中的物资情况进行确认,并在交接单上签字;离岗时,本班次服务站站长应清点站内物品,将当班期间的物资情况和维修情况反映在《物品保管交接表》上,并签字确认,待下班次站长确认。

6）做好信息交接,相关设备资料做好准备并及时考勤

7）写好工作日志,完成信息上报工作

站长负责日志的填写和上报,填写的具体内容如表6.1和表6.2所示。

表6.1　外建服务站日常情况汇总表

站点编号	时　　间
站点服务情况	信息查询和咨询服务人次
	语言翻译服务人次
	文明宣传服务人次
	应急救护服务人次(若非0,具体情况填写在"突发事件情况描述"栏)
站点志愿者情况	正常
	异常(具体情况填写在"突发事件情况描述"栏)
站点设备情况	正常
	异常(具体情况填写在"物资报修、维修情况描述"栏)

续表

站点编号	时　　间
突发事件情况描述	
物资报修、维修情况描述	
工作交流（志愿者故事、身边的好人好事、站长心得体会、问题和建议）	
站长签名	

表 6.2　内设服务站日常情况汇总表

站点编号	时　　间	
站点服务情况	信息查询和咨询服务人次	
	语言翻译服务人次	
	文明宣传服务人次	
	应急救护服务人次（若非 0,具体情况填写在"突发事件情况描述"栏）	
站点志愿者情况	正常	
	异常（具体情况填写在"突发事件情况描述"栏）	
站点设备情况	正常	
	异常（具体情况填写在"物资报修、维修情况描述"栏）	
突发事件情况描述		
物资报修、维修情况描述		
工作交流（志愿者故事、身边的好人好事、站长心得体会、问题和建议）		
站长签名		

9）志愿者离岗

（1）早班志愿者

①共同提供素材，协助站长撰写工作日志，上传志愿者信息管理平台。

②如站长为站点所在单位工作人员，平时不在岗，要及时电话或短信汇报工作。

③整理站点物资，确保完好齐全。

④向晚班志愿者交接工作，交流信息。

⑤离岗。

（2）晚班志愿者

①共同提供素材，协助站长撰写工作日志，上传志愿者信息管理平台。

②如站长为站点所在单位工作人员，平时不在岗，要及时电话或短信汇报工作。

③关闭笔记本、液晶电视机、考勤机，清点收拢站点物资，确保完好齐全，将普通物资放入桌内，上锁。将重要物资和桌钥匙交站点所在单位工作人员（具体视实际情况）。

④打扫站点，确保整洁。

⑤关闭站点，离岗。

⑥开好班后会，及时总结当班工作。在志愿服务结束后进行班后会，总结本班次志愿服务中的经验得失、志愿者的个人表现、对待突发事件的处理方法等，清点站点物资，检查卫生情况，站长与志愿者沟通后填写考核评分表。具体流程如图6.3所示。

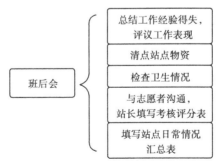

图6.3　班后会的具体内容

6.3.3 志愿者礼仪服务

1）仪容

①发式。头发整洁、发型大方，要常洗、整齐。
②面容。男士不应烫发、留长发和小胡须，应养成每天修面剃须习惯，女士不浓妆艳抹，不留怪异发型。
③手部。不留长指甲，不染指甲。

2）仪表

①着装整洁，衣冠端正，庄重大方，不穿奇装异服，重要公务活动要按要求着正装。
②着装时要扣好纽扣，不卷起裤脚、衣袖，领带须系正。

3）仪态

①站姿。基本站姿为：头正，颈直，两眼平视前方，嘴微闭，肩平，收腹挺胸，两臂自然下垂，手指并拢自然微屈，中指压裤缝，两腿挺直，膝盖相碰，脚跟并拢，两脚尖张开夹角成45°或80°，身体重心落在两脚正中。从整体上产生一种精神饱满的体态。应注意避免的是头下垂或上仰，收胸含腰，背曲膝松，臀部后突，手插在衣裤口袋里或搓脸，弄头发，脚打拍子，身靠柱子、餐桌、柜台或靠墙歪斜站立。
②坐姿。基本坐姿为：上身端正，肩放平，胸挺直，双脚平放地面。女性则是膝盖并拢，落座动作协调，声音轻。先退半步然后坐下，坐椅面的一半或2/3。坐沙发时要求腰挺直，两腿垂地或微内收，背部不靠沙发背，两手自然弯曲，手扶膝部，或交叉放于大腿中前部，或一手放于大腿上，另一手放于沙发扶手。气质高雅的女士可坐成S形。
③走姿。走路时目光平视，头正颈直，挺胸收腹，两臂自然下垂，前后自然摆动，身体要平稳，两肩不要左右晃动或不动，或一只手摆动另一只手不动。走路时，男士要显示出阳刚之美；女士款款轻盈，显出阴柔之美。女士穿裙子或旗袍时要走成一条直线，使裙子或旗袍的下摆与脚的动作显示出优美的韵律感。穿裤装时，宜走成两条直线，步幅稍微加大，显得活泼潇洒。走路出步和落地时，脚尖都应指向正前方，由脚跟落地滚动至前脚掌，脚距约为自己的 1.5～2

个脚长。走路忌走八字步,也不要多人一起并排行走,不要搂肩搭背。在狭窄的通道,如遇领导、贵宾、女士,则应主动站立一旁,以手示意,让其先走;上下楼梯时,不要弯腰弓背,手撑大腿,不要一步踏两三级楼梯;若遇尊者,则应主动将扶手的一边让给尊者。

4) 见面礼节

①致意。见面时问好、点头、举手、抬身、脱帽等都是致意。见到初次来宾应说:"您好! 见到您很高兴!"如是以前认识,相别甚久,见面则说:"您好吗? 很久未见了。"来访者来到时,除第一句话按不同时间问候外,接着应问:"您有什么事需要我帮忙吗? 您是初次来这里吗? 路上辛苦了。"平时遇到来宾,应道好问安,一般说:"你好。"对于较熟悉的客人可以说:"您好吗?"分别时则说:"再会! 明日再见!",或说:"祝您一路顺风,请转达我们对您家人的问候"等。如知客人身体不好,应关心地说:"请多保重。"当气候变化的时候应告诫客人"请多加一些衣服,当心感冒。"如遇客人的生日或节日期间,应向其祝贺。如"祝您生日快乐!"等。客人即将离去时,应主动对客人说:"请对我们的工作提出宝贵意见"。

②握手。通常双方相见时,主人、年长者、职高者、女士应先伸手;客人、年轻者、身份低者、男士可先问候,待对方伸手后立即随应再握手。行握手礼时,距离受礼者约一步,上身稍前倾,两足立正,伸出右手,四指并齐,拇指张开向受礼者伸出,在齐腰的高度与对方恰到好处地认真一握,一般 3～4 秒,礼毕即松开。如初次见面,握手时间不宜过长;如老朋友意外相见,握手时间可适当加长,以表示不期而遇的喜悦。男士与女士握手,时间应较短。一个人与多人握手时应遵守先高后低,先长后幼,先主后宾,先女后男的原则。多人同时握手时不要交叉,待别人握完后再伸手,也不可同时伸出双手与两人握手。

5) 引见介绍

①自我介绍。通常本人要镇定,充满信心,亲切自然,友善可掬,先向对方点头致意,得到回应后,向对方介绍自己的姓名、身份、单位,并可随之递上名片。自我介绍要根据交往目的、对象来决定介绍内容的繁简。

②介绍他人。为他人介绍时,介绍顺序为先把年龄轻的介绍给年长的;先把职位低的介绍给职位高的;先把宾客介绍给主人;先把男士介绍给女士。在双方的地位和年龄差不多时,应该先把与自己关系密切的人引见给另一方。如果把一个人介绍给众多人时,首先应该向大家介绍这个人,然后再把众人逐个

介绍给这个人。集体介绍可以按照座位次序或职务次序一一介绍。

6）递接名片

①递送名片。名片的递送要讲究礼仪。通常是在自我介绍后或被别人介绍后出示的。递送名片时应起立，上身向对方前倾以敬礼状，表示尊敬。并用双手的拇指和食指轻轻地握住名片的前端，而为了使对方容易看，名片的正面要朝向对方，递时可以同时报上自己的姓名。

②接收名片。对待名片应像对其主人一样尊重和爱惜。若接名片，要用双手由名片的下方恭敬接过收到胸前，并认真拜读，此时，眼睛注视着名片，认真看对方的身份、姓名，也可轻轻读名片上的内容。接过的名片忌随手乱放或不加确认就收入包中，这是很失礼的。

7）次序礼仪

①就座时，右为上座。即将客人居领导或其他陪同人员的右边。

②上楼时，客人走在前，主人走在后；下楼时主人走在前，客人走在后。

③迎客时，主人走在前；送客时，主人走在后。

④进电梯时，有专人看守电梯的，客人先进先出；无人看守电梯的，主人先进、后出并按住电钮，以防电梯门夹住客人。

⑤在带领来访者时，要配合对方的步幅，在客人左侧前1米处引导。可边走边向来访者介绍环境。要转弯或上楼梯时，先要有所动作，让对方明白所往何处。侧身转向来访者不仅仅是礼貌的，同时还可留心观察来访者的意愿，及时为来访者提供满意的服务。到达会客室前要指明"这是会客室"，如果门是向外开的，用手按住门，让客人先进人，如果门往内开，自己先进入，按住门后再请客人进入。一般右手开门，再转到左手扶住门，面对客人，请客人进入后再关上门，通常叫做外开门客人先进、先出，内开门主人先进、先出。

⑥进出领导办公室。去领导办公室要先轻轻敲门，经允许后进入。送领导批件时，要在离领导稍远位置等候，待领导阅示后，如无其他交代，要迅速离开领导办公室。

8）礼貌送客

如客人提出告辞时，接待人员要等客人起身后再站起来相送。"出迎三步，身送七步"是迎送宾客最基本的礼仪。因此，每次见面结束，都要以将"再次见面"的心情来恭送对方回去。通常当客人起身告辞时，接待人员应马上站起来，主动为客人取下衣帽,帮他穿上,与客人握手告别,同时选择最合适的言词送别,如"希望下次再来"等礼貌用语。对初次来访的客人更应热情、周到、细致。当客人带有较多或较重的物品,送客时应帮客人代提重物。客人离开时,要让客人先出门,并与客人握手道别。客人需要乘车的,要为其开启和关闭车门,并挥手道别。与客人在门口、电梯口或汽车旁告别时,要与客人握手,目送客人上车或离开,要以恭敬真诚的态度,笑容可掬地送客,不要急于返回,应挥手致意,待客人移出视线后,才可结束告别仪式。

9)会见、座谈、宴请活动

①会见会谈时,主人要提前到达会见、会谈场所,在门口迎候客人。
②领导之间会见、会谈,工作安排就绪后应退出,谈话中不要随意进出。

6.4　展会观众接待

6.4.1　普通观众接待服务

1)准备工作

①集体参观的观众,可由展览会接待部门通过有关组织机构,事先联系,登记预约,按先后顺序安排参观时间和场次,有组织地分期分批集体参观。

②个别零散观众一般采用购买门票或领取参观券的办法来控制进馆的时间和人数。

③专业观众是指那些与展览的目的的直接有关的观众,如参观经济交易展览的经销业务人员、参观科技展览的有关科技工作者等,这类观众对参观展览的要求,比一般观众要更深入更具体,是展览服务的重点对象,应尽可能满足他们各种参观的要求,接待方式可采取发送参观证、代表证或专业参观券的方式组织与邀请其参观。为了便于专业观众进行专业交流开展专业活动,也可划定几天时间作为专业观众的专场参观时间,不接待其他非专业观众,以免互相干扰。

④国际观众。目前国际交往频繁,大型展览会多有国外观众参观,应按外事活动的有关规定,热情友好地进行接待。

2) 现场接待与管理

①宣传参观须知,设置导引标志。在观众进展馆参观之前,在通过广播和设置宣传牌等方式,反复宣传参观须知,介绍展览会情况及有关规定和注意事项。在馆内要设置各种必要的导引标志,指明参观路线,使观众在没有接待人员直接带领时,也能按规定和标志的引导,有秩序地顺序参观。

②注意组织协调。展览会接待人员,除组织安排好观众进馆参观外,还要和保安人员,讲解人员密切结合,做好展览现场的接待与管理工作,维护好正常的展览秩序,及时处理好展出过程中发生的各种问题,保证展出工作的顺利进行。

3) 观众的统计分析和调查研究

观众人数多少以及观众的构成情况,是研究分析展览效益的重要依据。接待人员要做好观众人数的统计和分析工作,同时要结合组织接待工作,征求与收集观众对展览会的意见和要求(如观众留言,观后感以及观众的签名、题字、题词)作为进一步做好展出服务的参考和依据。

6.4.2 VIP 客户接待服务

1) 了解 VIP 客户情况

①接待员接到预订处的 VIP 客户接待通知单,应尽可能了解 VIP 的资料,如姓名、到达时间、职务等。

②立即报告客服部经理,请示是否派管理人员接待 VIP 客户及接待规格等。

2) 准备工作

①客服部经理提前一天填写赠品申请单并将副本分送给相关部门。

②根据接待规格安排适当的客房,提前准备好房间等,通知有关部门按照接待规格做好准备工作。

③在 VIP 客户抵达前一个半小时,检查东西材料等是否到位。

④根据需要,提前半小时命令服务员在正门口铺设红地毯,控制正门人员的出入,开启侧门给其他客户使用。

⑤提前 15 分钟通知相关人员到门口列队欢迎,通知保安部注意维持车道畅通及车位预留,做好护顶等工作。

3)抵达接待

①VIP 客户到达后,行李生上前开车门、护顶,会展企业迎接代表中最高职位者上前与其握手,表示欢迎。

②客服部经理引领 VIP 客户进入接待室或会议室,服务员送上欢迎酒水。

③向 VIP 客户介绍会展概况,简要确认行程安排,如用车、订餐、会议、参观方面等事宜。

④留下名片和联络方式并向客户表示随时乐意为其服务。

⑤向客户告别,预祝客户入住愉快。

⑥根据客户的行程安排,协调相应部门落实各项具体接待工作,保证给 VIP 客户提供最高效优质的服务。

4)资料存档

①接待员将客户信息输入电脑。

②将 VIP 客户登记表存入 VIP 档案。

6.5　公共区域服务

6.5.1　地面清洁服务流程与规范

1)准备工作

①保洁员准备好扫帚、拖把、清洁剂、水桶等清洁用品。

②拿开地面上的物品(如垃圾桶、花盆)。

2)扫地

①保洁员从房间的角落开始清扫。

②用扫帚(如尘土太多,要事先在地面上洒些水)清扫地面的垃圾并扫进簸箕里。

③将簸箕里的垃圾倒进工作车的垃圾袋中。

3)拖地

①保洁员将清洁剂和水混合在水桶里,将拖把浸湿,由里向外拖洗。

②倒掉桶里的脏水,换上干净的水,浸湿拖把,由里向外拖洗,重复2~3遍。

③最后,换上干净的水,浸湿拖把后将其拧干,用其吸干地上多余的水。

4)工作结束

①工作结束,保洁员倒掉桶里的脏水,用干净的水将桶冲洗干净,然后晾干。

②将拖把冲洗干净,悬挂晾干。

6.5.2 地毯清洁服务流程与规范

1)准备工作

①保洁员准备吸尘器、清洁剂(干泡清洁剂、低泡清洁剂)、喷壶、地毯刷、干泡地毯机(干洗地毯时使用)、电子打泡箱(干洗地毯时使用)、地毯抽洗机(抽洗地毯时使用)、消泡剂(抽洗地毯时使用)等。

②检查吸尘器、干泡地毯机、地毯抽洗机、吹风机等能否正常工作。

2)清洁地毯

①保洁员用扫帚扫除地毯上的大垃圾(如纸团、回形针),再用吸尘器吸去灰尘。

②用喷壶将1:5的低泡清洁剂喷在地毯严重污染处并用毛刷刷洗。

③对于地毯上的口香糖、黏纸等可用刮刀去除。

④干洗地毯。

a.根据地毯受污程度配置干泡清洁剂,倒入电子打泡箱内。

b.安装地毯刷并接通电源。

c.根据地毯受污程度,调节电子阀(共4档),控制流量大小。

d.从离出口最远处开始洗涤,采用地毯刷来回重叠的方法清洁,每刷之间重叠1/3,直至结束。

e.用毛刷清洁地毯边角处。

⑤抽洗地毯。

a.将1:20的低泡清洁剂和消泡剂(不加水)倒入清水箱内。

b.接通电源后,从离出口最远处开始,向后行,按动抽洗机喷雾器,在松开喷雾器后再向后拉一小段距离,将尾端的水吸取上来。

c.再回到原点,向后行,但不要按动喷雾器,让抽洗机吸去地毯里剩下的水分。

d.依照以上所述,依序将地毯清洗干净(地毯边角处用毛刷清洗)。

e.抽洗后,理顺地毯毛,使其直立;打开空调或开窗通风,使地毯尽快干透。

⑥待地毯晾干后,用吸尘器仔细清洁地毯的每一处。

⑦用抹布将残留在踢脚板或家具上的清洁剂擦去。

3)收尾工作

①工作结束,保洁员整理清洁剂、毛刷、喷壶等物品。

②清洁吸尘器、干泡地毯机和地毯抽洗机的各个部件。

③将所有物品放回储备室,交当班人检查。

6.5.3　墙面清洁服务流程与规范

1)准备工作

①准备掸子、抹布、铲刀、清洁剂、橡皮、细砂纸、套杆(清洁大理石墙面使用)、滚刷(清洁大理石墙面使用)、刮水器(清洁大理石墙面使用)、家具蜡(清洁木质墙面使用)、吸尘器(清洁贴墙纸墙面使用)等。

②检查吸尘器能否正常工作。

③将废布草席放在要清洁墙面的正下方的地面上。

2)清洁涂料类墙面

①不具耐水性的墙面。

a.保洁员用掸子去除墙面上的灰尘,特别要注意边缘和角落位置的处理。

b.用干抹布清洁擦拭墙面上的污迹,如果擦不掉可试用橡皮、细砂纸轻轻擦拭。

c.若前面上沾有泥浆、痰迹等较严重的污垢,可尝试用铲刀轻轻铲掉。

d.清洁完毕后,应及时清理污染过的地面。

②有一定耐水性的墙面。

a.保洁员用掸子去除墙面上的灰尘,注意对边缘和角落位置的处理。

b.将抹布浸入含有中性清洁剂的水中,拧干,沿墙面从上向下来回擦拭。

c.对仍有污迹的地方,可用短柄刷刷洗。

d.对于较严重的污垢,可尝试用铲刀轻轻铲掉。

e.用另一块抹布浸透清水后,拧干,对墙面彻底清洗一次。

f.清洁完毕后,应及时清理污染过的地面。

3)清洁大理石墙面

①保洁员在套杆上加装夹头,在夹头上夹上毛巾,干擦大理石墙面上的灰尘。

②在套杆上加装滚刷,浸入兑有中性清洁剂的水中,用其刷洗大理石墙面。

③刷洗好后,在套杆上加装刮水器,用其将大理石墙面的水刮净。

4)清洁木质墙面

①保洁员用干抹布沿墙面从上到下擦拭。

②对于较轻的局部污迹,可用浸过清洁剂的半干抹布在表面用力反复擦拭,然后用浸过清水后拧干的湿抹布进行彻底擦拭。

③要定期对木质墙面上家具蜡,以保证墙面的光洁度。

5)清洁贴墙纸墙面

①保洁员用掸子去除墙面灰尘。

②定期吸尘。将吸尘器换上专用的吸头,依次对墙面进行全面吸尘。

③对于耐水墙纸上的污迹,可用浸过清洁剂的抹布进行擦洗。

④对于不耐水墙纸上的污迹,可用橡皮、细砂纸等轻擦去除。

6.5.4　卫生间清洁服务流程与规范

1)准备工作

①保洁员每天检查使用的清洁工具,如有损坏要及时报修。

②领取玻璃清洁剂、厕清、客用品、抹布、百洁布等物品。

2) 清理垃圾

①保洁员将烟缸里的烟头(注意倒之前应检查烟头是否熄灭)和垃圾桶里的垃圾倒进指定的垃圾袋。

②清洗烟缸并用抹布擦拭干净。

③用适量稀释的碱性清洁剂刷洗垃圾桶,用抹布擦干净后套上垃圾袋。

3) 清洁马桶

①保洁员将洁厕剂沿马桶内部边沿倒入。

②用马桶刷清洁马桶,直到污垢消失。

③用清水冲洗,同时清洁马桶座圈、基座和桶盖。

④用干净的抹布将其外部擦干净。

4) 清洁小便器

①保洁员冲净尿屏器并取出。

②将洁厕剂沿边壁倒入。

③用马桶刷按照从上到下顺序清洗小便器。

④用干净的抹布将便池外部由上至下擦干净并将尿屏器放回。

5) 擦拭镜面

①保洁员先将上水器蘸上稀释后的玻璃清洁剂,把整个镜面均匀涂抹,然后用刮玻璃器按照从上到下的顺序直刮而下。

②刮完后,用毛巾将镜边水点擦拭干净。

6) 清洁镀铬制品

①保洁员使用抛光清洁剂擦抹、抛光。

②使用干净的抹布擦干净。

7) 清洁洗手盆及台面

①保洁员将稀释后的清洁剂均匀地洒在洗手盆内,然后用百洁布对水盆和下水孔盆内及台面进行消毒、清洗,最后用抹布擦干净。

②用抹布包着专用工具,清洁皂液器里面,再用干抹布将其里外擦干净。

8) 清洁门窗和墙壁

①保洁员用抹布擦净门面、柜、闭门器、百叶门。

②用专用工具和抹布清洁锁眼、铰链。

③将擦铜水倒到抹布上,然后在铜扶手上擦拭,再用抹布擦净,直到光亮为止。

④用蘸有稀释清洁剂的海绵由上至下擦拭墙壁隔板,再用抹布擦净。

⑤用蘸有稀释清洁剂的百洁布由上至下擦拭瓷砖,再用抹布擦净。

9) 补充客用品

①保洁员补充面巾纸、手纸、洗手液。

②按标准摆放小面巾。

10) 清洁地面

①保洁员将地面清扫干净。

②用抹布蘸稀释后的清洁剂清洁地面边角。

③用清水抹布将地面及边角上的清洁液擦干净。

④用抹布擦净地面及边角。

11) 检查公区卫生间

①保洁员要检查各种设备设施是否完好,卫生间用品是否齐全。

②卫生间内如有异味,喷少许空气清新剂,使卫生间内空气清新。

③收拾好清洁工具及清洁剂离开卫生间。

6.6 危机处理服务

6.6.1 预测风险

①分析可能性风险:人为风险、自然风险等,并详细了解可能发生的细节错误。

②邀请安全专家开会研讨。

6.6.2 提出危机处理预案

①综合多方面意见,对主要可能性风险提出预防和解决对策,并多次完善。

②成立危机处理领导小组,确保责任到人。

6.6.3 现场风险管理

①分析场地安全性。包括以下内容:水、食物、地毯牢固状况、建筑物状况、路面障碍状况、照明质量、公共卫生设施质量、场地附近垃圾处理、预警系统状况、通信系统状况。

②同当地安全管理部门之间建立良好的工作关系。在展会召开之前,要陪同消防和安保部门对所有的展位进行一次全面系统的检查,彻底消除隐患,并确定当展会出现安全问题时能得到有关部门的帮助。

③制作安全小册子、标牌以及其他交流方式。

④制订一个媒体管理计划,以便及时进行危机公关。

a.多渠道地与媒体保持沟通与密切联系。

b.适当控制媒体在危机之中的活动范围以便为危机管理赢得一定时间。

c.尽量提供真实的信息。

d.不要和媒体发生冲突。

⑤预防闹展。

当出现闹展情况,如价格不一致,高价位参展商现场闹事时,应采取以下措施:

a.首先向参展商道歉,并解释价格不一在各个展会出现的正常性与合理性。

b.如果参展商依然纠缠不休,经手人向负责人请示。

c.负责人继续劝导,如果无效,处理的硬原则就是"只要没有超过《招展函》所规定的价格,都是合理收费"。

当出现部分参展商以"参展效果不好"为由,要求退赔展位费时,应采取以下措施:

a.首先向参展商道歉,并解释其中可能的原因。

b.要让参展商明确所谓的展位效果,强调只要享受了协议范围内的服务都应付费,尽力达到双方的理解。

c.遇有蛮横不讲道理的参展商,最好不要再现场与其发生争吵,应离开展厅在小范围内解决。

当出现参展商认为展位位置不满意,要求更换时,应采取以下措施:

a. 现场展位符合《参展合同》中所描述的,直接告诉对方展位由其协议确认。

b. 现场展位属于组委会调整的,明确告诉对方在招展函中已明确表述"为保证展会效果,组委会有权对现场展位进行最终调整"。

测 评

【真实任务】

没有经过专利权人任何形式的许可,一项实用新型专利技术却出现在一个国际会展的展台上——日前,余先生作为"可排气式气囊眼镜鼻托"的专利权人,就碰到了这样一桩郁闷事。最后经会展主办方协调,涉嫌侵权的参展公司同意将该产品撤展。

余先生是广州人,经营眼镜及相关器材的生意。几年前,他发明设计了"可排气式气囊眼镜鼻托",于2008年12月16日申请实用新型专利,并于2009年11月4日获得授权公告。如今,这项产品已经在市场上销售一年多。

2011年2月19日,余先生来到上海参加一项国际眼镜业展览会。该项展会为期3天,从18日开始到20日结束。"参观展览的时候,突然在无锡一家进出口贸易公司的展台上发现了已经获得专利的'可排气式气囊眼镜鼻托',当时感到非常惊讶。"据余先生告诉记者,尽管这个产品在这个公司的展台上被标注为"空气鼻垫",但他还是一眼就看出来,这就是他自己发明设计并已获得实用新型专利的产品。"我并没有和这家公司达成任何有关专利许可的协议,这样的行为无疑涉嫌侵权",余先生气愤地表示。

余先生当即找到会展现场负责法律咨询的律师进行交涉。"律师告诉我,如果确定该产品系我的专利产品,可先上前买一个样本并保留发票等凭据,然后和公司方进行交涉",余先生当即照做。20日,在会展主办方的协调下,余先生和涉嫌侵权的那家进出口贸易公司代表进行交涉。"公司代表同意撤下该产品并不再销售,并解释说,称公司方对于该产品已获得专利并不知情,只是一个朋友拿来这些产品代为销售"。而在细问之下,余先生才知道,那位朋友正是余先生曾经的经销商之一,该经销商自2010年9月份起突然和他失去了联系。

目前,余先生就该事件保留诉诸法律的权利。而会展方面也表示,如果该进出口贸易公司的行为确属侵权,则这家公司将被列入该项展览的黑名单。

"会展行业的专利侵权行为一直是一个比较严重的问题,国家也出台了相关规定措施,但依然有公司会出于经济利益不惜侵权。这次幸好我亲自来参加这个展会,不然会有严重损失。提醒那些产品已得到获批的专利权人,对行业内的展览要密切注意,并严格注意自己经销商的行为,以免遭受损失而不自知",余先生提醒到。

【任务要求】

角色扮演:请你以展会主办方或会展协会身份,分析如何解决该问题。

项目 7
会展物流服务

【任务目标】

1. 了解物流及会展物流的内涵；
2. 掌握会展物流服务的内容及服务细节；
3. 明晰会展物流服务的注意事项；
4. 重点掌握招标工作服务流程和国内外展品
   物流服务流程及其服务规范。

美国物流管理协会(CLM)对物流做了精要的概括:物流是为了满足消费者需求而进行的对原材料、中间存储、最终产品及相关信息,从起始地到消费地的有效流动与存储的计划、实施与控制过程。

在全球化、网络化的今天,物资供应方、需求方之外的第三方提供的物流服务,即第三方物流(TPL),成为现代物流发展的主要方向。

具体说,会展物流是以展会为中心,涉及会展辅助设施及产品的物理运作过程。它包括对会展辅助设施和产品的运输、保管、配送、包装、拆卸、搬运、回收及相关信息处理等。在提供物流服务过程中,会展物流服务商要准确把握参展商和展会组织者的需求动态,根据客户的要求和企业的经营战略,确定服务水准,提供优质的物流服务。

会展物流服务人员的职位职责包括:

①负责公司仓库的规划工作,并负责实施中的指导与监督。

②负责仓库租赁费用的核定工作。

③制定并实施材料库及成品库的管理制度和管理方法。

④定期编制采购物品和产成品的入货台账、退货台账及库存台账,报送财务部和生产部。

会展物流服务人员的基本要求包括:

①勤奋努力。

②有良好的客户服务意识。

③具有较强的责任心和职业素质及亲和力。

④具有良好的心理承受能力,能在压力下工作。

⑤有较强的业务拓展工作能力。

会展物流服务内容包括:

通常,会展物流服务包含下述几个方面。

①运输服务。运输服务包括展品、展示道具运输代理,即展品或展示道具到达会展城市后的提货、装卸、运输手续办理及撤展搬运等服务工作。

②贵重物品运输搬运服务。此项服务专指一些需要特别运输和管理的展品搬运服务,如钟表、珠宝、汽车、陶瓷、精密仪器等,这些物品的运输和搬运需要更为专业的服务公司来承担。

③现场搬运及安装服务。此项服务是指从货车卸货点到展位的运输服务,是指展品到位的物流运送服务。

④仓储保管服务。展品或展示道具提前到达会展场馆后应存放于场馆指定的仓库中,在布展开始后,再由仓库转运到展台。一些需要重复使用的包装

材料可存放在场馆内的小仓库中。

⑤报关代理服务。对于国际性的展会而言,展品报关与展品运输是相辅相成的必要组成部分。展品承运商可通过委托代理,简化报关、清关手续,为展品运输开辟"绿色通道"。

⑥保险代理服务。会展物流服务商一般都会要求参展单位自行投保展览品的往返运输及在展览仓储期间的保险,如展品发生意外情况,参展企业可以自行向保险部门索赔。但一些大型承运商可以承担展品的全程整套的运输仓储服务,其中就包括保险代理工作。

会展期间的物流组织与管理工作是一项系统工程,要求每一环节都按照合理的程序开展,确保会展物品以较低的成本,高效及时地实现时空转移。

【案例导入】

(一)中国国际展览中心举办的某次国际木工类机械展览会上,一家瑞士公司首次参展,他们发运了1个40英尺(1英尺=0.3048米,以下相同)集装箱的海运展品,货物经天津新港转关运输至北京展览中心。展品进馆前,检疫人员对货物进行查验,邀参展商一同去展览中心的监管仓库。当去掉铅封锁、打开集装箱时,发现三件木工加工机械均为裸装展品,也就是没有外包装箱。第一件、第二件完好无损,第三件由于包裹着塑料薄膜的原因,也没有发现异常。但是当海关查验核对机器型号时,检查人员发现了第三件展品右侧外腿有损坏的现象,好像是被重物撞击而产生的凹陷。展商当即表示,出厂安检时,机器外观完好无损,很有可能是发运出境时国外的运输公司在装箱时造成的损坏。虽然进馆调试后,机器运转还算正常,但展商非常遗憾没有对机器进行外包装。由于有破损现象,造成展会期间许多原本有意购买展机的厂家,最后被迫放弃。

(二)2003年6月4—8日,俄罗斯圣彼得堡举办国际消费品展览会。福建汇源商务会展有限公司获准组织27家企业、30个摊位参展,参展人员为49人。为了做好该展览的筹备工作,该公司曾于2002年10月派人对圣彼得堡展览会进行考察,就摊位申请、样品运输、展期酒店预订等方面与组委会进行了了解。考虑到俄罗斯样品运输的复杂性,他们选定德国德讯公司为参展样品承运商(主要原因是德讯公司在莫斯科、圣彼得堡设有办事处),要求德讯公司保证在2003年6月2日上午9:00将展品运到展台,并于2003年4月3日与德讯公司签订了如展品未按时到会,德讯公司将承担由此发生的一切后果的运输代理协议。

2003年5月16日,汇源公司得到德讯公司的通知。样品于2003年5月22日到达圣彼得堡,2003年6月3日上午9:00样品送达展馆,由于圣彼得堡300

周年大庆,从2003年5月27日到6月1日机场关闭,汇源公司先遣工作人员于2003年6月2日到达圣彼得堡,大批参展人员于3日顺利抵达,2003年6月3日上午,先遣人员到达展台,见展品未到,当即与德讯公司驻圣城办事处联系,德讯公司表示因报关原因,样品4日下午会到。汇源公司上作人员随即安排参展人员4日晚上布展,可是到了晚上,全体人员到达现场,展品仍未到。经与德讯公司紧急协商,德讯公司表示5日一定会解决,5日下午全体参展商再次到展台一直等候到晚上7点,当得知展品不能到位时,引起了全体参展商的强烈不满,表示不要样品拒绝参展,并要求索赔,联名写了一份索赔书。

2003年6月5日上午,中国驻圣城总领事馆经济商务领事陈俊岭到展览会摊位参观,发现展品未到,指示展团工作人员,为了维护中国形象,不管样品何时到达,都应继续参展。直到2003年6月6日晚6:45,展品才到达展览馆门口,经工作人员做工作,参展企业统一于2003年6月7日布展,坚持参展,汇源公司在后期做了一些补救工作,组织企业带样品到莫斯科拜访客户,一定程度上弥补了因参展延误带来的损失。

回国后,经汇源公司与德讯公司协商并征求参展商同意,决定给予参展企业每个摊位5万元人民币的补偿。

(三)在2004北京国际汽车展上,也有一些因为包装物证明、包装材料不符合中国检疫部门的要求的现象,在汽车展开幕前,运输代理商在协助检疫人员检验开箱时,发现国外展品大部分均使用垫木固定汽车的四个轮子。来自美、日、韩及欧盟国家的参展商,虽然事先已经对其发出通知,参展商如果使用原木材料作为垫木,务必提供熏蒸证明原件及官方检疫证书,并建议使用人造板材作为填垫物。但还是有些参展商没有重视运输代理商的通知。一个德国展商发运9个40英尺的展架材料及3个40英尺集装箱的展车,由于该展商在其货物出口前没有在该国境内进行熏蒸消毒,无法提供相应的官方证明原件,而被我检疫人员在进馆查验时扣留,并要求其退运出境。时间紧迫,眼看着其他展台搭建得初具规模,该展商后悔得手足无措,只要能够参展,他们愿意接受中国检验检疫局的任何处罚及其处理方式,并保证以此为戒。经展会组办方再三与检疫部门联系协调,最后有关部门同意将其货物在中国境内进行熏蒸消毒,以及常规性消毒检查,并对其进行经济制裁后方可进馆。

【案例分析】

细节决定成败,会展物流的服务工作需要精心安排,以下列出需要注意的几点:

1.使用新的纸板箱

新的纸板箱可以更好地保护展品,而且在申请运输破损赔偿时可以避免因包装粗劣为由而被拒绝。

2.遵守"后入先出"的原则

装运货物时要考虑方便卸货和装配,地毯、衬垫、电缆和卷轴要在最后装运,搭建展位时可以最先取出来。

3.确保货物安全

如易碎品可以在纸箱里添加一些衬垫材料。

4.确保地址标签正确

要注意将地址写清楚,写详细。不可只有一个会展中心的地址,这样箱子很可能会丢失或退货。

①要留多种联系方式。给承运商留下手机号、住宅电话,以及其他联系人的联系方式。同时注意留有承运商的紧急联络号码。

②避免纠纷和争吵。在展厅现场,对待那些送还或收留空箱子的工人要态度友善。根据有关的规定,决定是否付费或收费。

③妥善交接提货单。提货单是一张收据,它证明参展商已经把货物交由服务承包商负责,对方的指令和意图已经明了。参展商要对所有交运的箱子的数量和实际重量保留精确记录。在货物达到承运商的卡车上之前所发生的任何损失,服务承包商都不承担任何责任。

5.评估和实时监控

运输前应对整个运输方案实施评估,论证其可行性与安全性,必要时派人或借助一定的仪器实时监控。

7.1　招标工作服务流程与规范

7.1.1　发布招标资格预审公告

①会展企业成立招标工作小组开展邀请招标工作,同时成立招标监督小组,负责制止和纠正招标工作小组在招标过程中的违纪、违规行为,同时提出处理意见上报总经理。

②招标工作小组会同使用部门根据招标申请编制招标文件。招标文件不

得要求或者标明特定的投标人或者产品,以及含有倾向性或者排斥潜在投标人的内容。

③招标工作小组必须提前一天将会展招标信息及资格预审公告登在会展宣传栏,通过报纸或会展网站公布投标人资格条件(要求投标人在资格预审公告期结束之前,按公告要求提交资格证明文件)。

7.1.2　发出投标邀请书

①招标工作小组从评审合格投标人中通过随机方式选择三家以上的投标人,向其发出投标邀请书。

②投标邀请书的主要内容有:投标邀请,投标人须知(包括密封、签署、盖章要求等),投标人应当提交的资格与资信证明文件,合同主要条款及合同签订方式,招标项目的技术规格和要求(包括附件、图纸等),交货和提供服务的时间。

7.1.3　开标前期工作

①根据招标项目的具体情况,招标小组可以组织潜在的投标人现场考察或者召开开标前答疑会,但不得单独或者分别组织只有一个投标人参加的现场考察。

②开标前,有关工作人员不得向他人透露已获取招标文件的潜在投标人的名称、数量以及可能影响公平竞争的有关招标投标的其他情况。

③招标小组负责收取投标文件,在招标文件要求的提交投标文件截止时间之后送达的投标文件为无效投标文件,应当拒收。

7.1.4　开标、评标、定标

①开标时,招标监督小组到现场监督开标活动,开标过程由招标工作小组指定专人负责记录并存档备查。

②开标时,由招标监督小组成员检查投标文件的密封情况,经确认无误后,由招标工作小组成员当众拆封,宣读投标人名称、投标价格、价格折扣、招标文件允许提供的设备投标方案和投标文件的其他主要内容。

③招标工作小组组织有关专家成立评标委员会,评标委员会按照会展有关规定进行评标,确定中标单位。

④招标工作小组向供应商发布中标、落标通知书。

⑤企业与中标供应商签订招标合同。

7.1.5　工作总结

①招标工作小组负责编写评标报告,其主要内容包括:投标人名单及招标操作小组成员名单,开标记录和评标情况及说明,评标结果和中标候选供应商等有关资料,招标工作小组的授标建议。

②将评标报告交由招标监督小组审阅后加具意见上报总经理审批,审批结果由招标工作小组负责落实执行。

7.2　境外展品物流服务流程与规范

7.2.1　成立项目部

抽调专业人员,组成有效责任分工的项目部。

7.2.2　联系组委会

①项目部联系展会组委会,在接到组委会确定的参展商的目录和通信方式后进行核对。

②与组委会保持密切联系及时更新参展商资料。

7.2.3　联系参展商

①项目部根据组委会提供的参展商名录通过电子邮件、传真、电话等多种渠道,在第一时间内与参展商取得联系,确保参展商知道展品物流方面有关事项。

②参展商根据自身需要按要求填写展品清单并传给项目组。

7.2.4　做好通关准备

①项目部将参展商反馈信息进行整理后,将相关需求信息第一时间内通知海外代理和国内相关网点。

②根据展品清单做好展品通关准备。

7.2.5 海关报关

①国外代理和国内网点根据参展商提供的展品清单收取货物(如参展商要求,可上门收货)。

②国外代理根据展品内容制作准确的展品清单并传给项目部,项目部根据展品清单向海关报关。

7.2.6 运抵目的地

①国外代理和国内网点根据项目部的安排,采用多式联运的方式将展品在规定时间内运抵我国口岸。

②国外代理和国内网点将展品到达信息、到达时间、运输方式、船名、航次等信息告知项目部。

7.2.7 仓储运输

①项目部根据国外代理和国内网点提供的展品到达信息,按照接货流程做好报关工作。

②根据参展商要求,提供包括仓储、运输、拆装箱等服务。

7.3 国内展品物流服务流程与规范

7.3.1 成立项目部

针对国内物流要求,成立项目部。

7.3.2 联系组委会

①物流公司接到组委会确定的参展商的目录和通信方式后进行核对。

②与组委会保持密切联系,及时更新参展商资料。

7.3.3 联系参展商

①项目部通过电子邮件、传真、电话等多种渠道,在第一时间内与参展商取得联系,参展商根据自身需要按要求填写展品清单并传给项目部。

②项目部将参展商反馈信息进行整理后,将相关需求信息第一时间内通知国内相关网点,并根据展品清单制作展品物流交接单一式5份。

7.3.4 收取货物并运抵目的地

①国内网点根据展品物流交接单上门收取货物。

②国内网点根据项目部的安排采用直运或中转等多种方式,将展品在规定时间内运抵会展目的地,并将展品到达信息、到达时间、车牌号码、司机姓名和联系方式等告知项目部。

7.3.5 接货

①项目部根据国内网点提供的展品到达信息,做好接货准备工作。
②根据参展商要求,提供包括仓储、拆装箱等服务。

测　评

1. 简述会展物流服务的内容。
2. 简述会展物流服务的注意事项。
3. 简述招标工作服务流程与规范。
4. 简述境外展品物流服务流程与规范。
5. 简述国内展品物流服务流程与规范。

项目 8
展馆服务

【任务目标】

1. 明确展馆日常维护、展位拆装服务、强弱电组及暖通组、维修专业组的工作范围及其服务流程及规范；
2. 掌握工程突发事件处理、重大活动工程及展位设计搭建服务流程与规范；
3. 了解展馆的组织机构、服务内容、相关工作的服务流程及规范，以及会展场馆个性化服务等内容。

展馆既是会展的主办者,也是展览场地的经营者,是展览行业中的"百货公司",陈列和出售各种最新、最专业的"商品"——展览服务,如展览信息、展览评估、展览策划等,名副其实地成为展览业发展高起点的支持与服务平台。展馆作为会展产业链中的重要环节和展览活动的重要载体,成为发展会展业的先决条件。近年来,各大城市不惜巨资兴建展馆,但因缺乏规划和必要的配套服务,实际经营不尽如人意。而展馆数量增多也使竞争日益激烈,展馆所提供的硬件以及软件的配套服务成为展览馆竞争优势的核心内容。而在会展业研究方面,却较少出现专门针对展馆服务的研究。

为了适应新时期、新形势下的会展产业发展要求,有必要大力开拓展馆新的经济增长点,进一步提高企业的市场竞争力,运作效率和服务质量。

展馆服务人员的职位职责包括:

①分析标书应招、分析展出资料。

②设计各类标准展位及特装展位。

③建立项目工作组。

④监督施工质量达标情况。

⑤实施展会过程监督。

⑥核算项目经费。

展馆服务人员的基本要求包括:

①具有强的创意及设计能力,手绘功能较强。

②熟练使用 PS,illustrator,精通 3DMAX 等专业制图软件。

③品行端正,对工作态度认真,能按时按质独立完成大型展台设计。

【案例导入】

2002 年 12 月 23 日,在北京饭店金色宴会大厅,5 辆刚刚下线的北京现代汽车有限公司生产的"索娜塔"高级轿车被分别放在 5 个站台上,其豪华典雅的造型和炫目的色彩吸引了 400 多位嘉宾,一时间,北京饭店这座充满浓郁民族特色的大厅与代表当今最现代、最时尚的车展达到了最完美的和谐统一。为使这次车展办得圆满成功,北京饭店餐饮预订部等有关部门与主办公司积极配合,不仅给客户提供场地的相关资料和数据,而且还为客户提出许多合理化建议,使客户感到了高效便捷的服务。为解决参展汽车开进宴会厅这一难题,北京饭店毅然拆除、改装了 C 座大门,实际上大门与车宽只相差几厘米的空间,然而饭店认为,这两座大门的拓展不仅满足了现代车展的需要,更是向今后的会展市场敞开了大门。

【案例分析】

当今现代化的企业管理,实际上一半是高科技(包含在硬件上和软件上实现网络化、信息化),一半是高效率的管理制度(包括服务行业的服务手段和流程)。看似简单的美国麦当劳快餐连锁经营企业,却拥有25 000多项高科技成果,单是技术专利就有上百项。一本600多页的关于麦当劳操作流程手册,里面几乎每一句话都包含了一项科技成果,其专业技术水平之高,让人叹为观止!因此,展览中心要想在当今展览业激烈的市场竞争环境中生存,拓展空间、树立国际品牌,就必须要提高管理制度和服务手段的科技含量,优化服务流程,从根本上改变经营模式和服务理念,才能在国际竞争中立于不败之地!

8.1 展馆日常维护

8.1.1 展馆服务的意义

可以有效简化办事程序,提高办理效率,避免多头联系,建立展馆统一的"一站式"对外服务和形象"窗口",将过去展馆被动的配合式服务职能,逐步转变成以客户为中心的主动式服务职能。

1)按服务性质划分为:整体服务和网点服务

(1)整体服务

整体服务指在客户中心受理客户(主办单位为主)所有的、全方位的展览服务,如:展馆租赁、会务预订、广告预订、餐饮预订、展前工作部署,消防报建、其他物业服务项目的申请,以及其他特殊的展览相关服务的申办;支援和配合现场服务人员处做好展览期间的租赁服务;受理客户对服务的投诉和给客户提供业务的咨询。

(2)网点服务

网点服务指在展览期间现场(网点分布在展馆的序厅)受理客户(参展商为主)所有的、全方位的展览服务,如:展览工程服务、网络及通信服务、物业其他租赁、展具租赁及其他特殊的展览相关服务的受理;协助主办单位做好现场协调工作;受理客户对现场服务的投诉和给客户提供业务咨询。

2)按服务内容划分为:专业展览服务和相关的配套服务

(1)专业展览服务

专业展览服务指凡与展览有直接关系的服务,如:展览咨询、展览评估、展览工程、展览广告、展具租赁、会务服务、展品报关、储运和网络、通信、水电、清洁、保安、设施保障等物业配套管理服务。

(2)相关展览服务

相关展览服务指与展览有间接关系的配套服务,如:商务服务、餐饮服务、银行服务、邮政服务、医疗服务和必需的公共设施服务。

8.1.2 展馆服务的主要手段

服务手段包括:全方位、多层次、高效率的服务手段。

1)全方位的服务手段

提供全面的、直接或间接涉及展览与会议有关的所有服务;包括知识型服务和实务型服务。

2)多层次的服务手段

包括现场服务、预约服务、上门服务、售后服务。

3)高效率的服务手段

包括快速的信息传递,如运用先进的网络通信、移动通信和展馆的有线通信等通讯工具,将信息有效快速地传送到各个任务的主体部门。

8.1.3 展馆服务的标准

"客户服务中心"的服务采取"双重标准",即"服务限时"标准和"客户满意度"标准。

1)"服务限时"标准

"服务限时"标准是针对专业的展览服务制定一套服务的限时完成标准,来考察服务执行者的工作效率的管理制度,按每一项展览服务在一般情况和条件下,完成所需要的平均时间,来制定该服务项目的"限时标准"。如展览工程服务中的租赁"陈列柜"一项,从服务执行者接到派工单,到"陈列柜"装配完毕送达客户的展位上,交付签字接收为止的所需要的时间总和,就是该服务项目的标准完成时间。

2)"客户满意度"标准

"客户满意度"标准是由客户对"客户服务中心"所提供的"某专项服务"包括:效率、质量、服务态度、工作人员素质等方面,进行一个整体的评分,这将作为中心对服务质量的另一个标准。

①应该与展览中心的整体形象相协调,工作人员应统一着装、统一使用文明、专业的语言(并配置外语翻译员)。

②场所的布局应参照外资银行、星级酒店的营业大厅(大堂)来设计,工作人员应采取敞开式办公。

③统一对外的服务窗口仅设置一个(设多人上岗)为客户申办所有的展览服务;其他的职能部门应在"客户服务中心"设置联络处,及时为客户提供专业咨询。

3)公开服务标准

（1）公布"展馆"信息

在"客户服务中心"公布服务指南、服务项目价格表、展馆各职能部门的业务简介、联系电话、客户服务中心的职能介绍、业务流程、服务人员名单和服务热线,并制作成宣传小册子,摆在资料架上,方便客户索取阅读,让客户对展馆信息有全方面的了解和熟悉。

（2）公开规范业务

将办理业务的各种申请单、派工单,制作成统一标准的格式化单据(凭证),方便客户填写;服务员在办理每一笔业务后,都须在客户填写的单据上签字和盖日期章,以便及时将任务落实并进行跟踪。

（3）公开优惠措施

将展馆的所有的服务项目的优惠价格和优惠条件,统一对外公布;其目的之一是,能体理公正、公平、公开的办理原则;其目的之二是,减少业务办理时受人为干预的影响。

8.1.4　日常报修及维修服务流程与规范

1) 填写报修单

①各部门服务员发现设备设施需要维修时,应立即报告部门领班。

②各部门领班填写报修单,填写时应写明申请日期、申请部门、维修地点、维修内容、维修申请人以及须注明的其他情况。

③填好报修单后,将其交给主管,由主管交值班工程师。

2) 查阅报修单

①值班工程师收到报修单后,对报修单填写内容进行查阅,栏目内容不全或不符合要求的应拒收。

②验明无误后,注明受理日期,按时间进行登记(时间为签收时间),然后将第二联交给报修部门留底,第一联在本部门留存,第三联交给相应班组维修人员进行维修。

③若是需要优先处理的维修项目,应在报修单上盖上"紧急"字样章。

3) 进行维修

①维修人员收到报修单后,立即带好必要的工具,准时到达维修地点。若因工作原因,在规定时间内不能到达现场,应主动与报修部门联系说明原因,征求意见。

②按质量标准完成任务后,请报修部门验收、核对使用材料,在报修单上由验收人员和维修人员本人共同签字认可。

③若因材料、人力、技术等原因不能按期完成维修任务时,则如实报告值班工程师,由值班工程师或工程经理与报修部门协商解决办法。

④若是维修住客房,应由客房服务员陪同进房维修,双方互相监督。若因客户挂有"请勿打扰"牌未能完成维修任务,则应在报修单上写明原因。

4) 维修工作结束

①维修工作结束后,维修人员必须清理现场,包括垃圾、材料、工具等,将搬动过的物品恢复原位。

②及时将签字后的报修单交给值班工程师,由值班工程师将其与留存的报

修单核对后装订在一起保存。

③值班工程师按照完成任务的情况填写值班日志,在交班前将当日报修单整理汇总,发现缺少报修回单,应及时催促有关班组领班落实维修任务的完成情况,并将回单速交工程办公室。

④每日下班前,将值班日志交给工程经理,请其审阅。必要时,工程经理亲自或派人检查维修结果。若发现不合格,需责成有关人员返工。

⑤交班时,向下一班人员介绍说明未完成的维修项目及注意事项。

8.1.5 特别抢修工作服务流程与规范

1)接到抢修报告

①接到有关部门的抢修报告时,值班工程师应问清报告人的姓名、所在部门、维修内容和维修地点等情况。

②根据报告的情况,确认需要特别抢修时,值班工程师向相应班组维修人员发出维修指令。

2)进行维修

①维修人员接到维修指令后,应带好必备的工具,在3分钟内到达现场,查明故障或损坏原因后,按相应的操作规范进行维修。

②对VIP客户的抢修要放在首位。维修工作完成后,工程经理或值班工程师应亲自或指定专人检查维修是否合格。

③若是暂不能处理的故障,应报告值班工程师,由值班工程师向报修部门解释,并协助报修部门做好应急措施。

3)补办报修手续

①抢修工作结束后,维修人员应清理设备、设施上的油污和灰尘,对散落地上的垃圾、杂物应清除干净,移动过的设备应恢复原位,如维修现场有客户在场,应向客户表示歉意和道谢。

②请报修部门主管补填报修单,写明申请日期、申请部门、维修地点、维修内容、维修申请人并签字验收。

③将报修单的第二联交给报修部门,将第一联和第三联交给值班工程师,由其将两联装订在一起留存。

8.1.6 工程突发事件处理服务流程与规范

1) 制订突发事件处理预案

①工程经理参考其他会展的工程突发事件处理预案,并结合本会展的实际情况制订会展工程突发事件处理预案,报总经理审批。

②总经理审批同意后,工程部按照预案处理相应的工程突发事件。

2) 突发事件的处理

(1) 停水事件的处理

①各员工工作区域无水或水流过小时,应马上通知值班工程师。

②值班工程师接到通知后,马上和自来水公司联系,确认是否停水并询问恢复供水的时间。

③确认停水时,应指派专职人员在 10 分钟内完成高低区联通操作,并且专职人员应对供水系统进行仔细检查,每半小时巡查一次。

④通知各部门已停水及恢复供水时间,请各部门做好节水工作。

⑤保持与自来水公司的联系,在供水正常后,及时通知各部门并在 5 分钟内恢复正常状态下的供水。

⑥向工程经理汇报停水经过,并做好记录备案。

⑦若不是自来水公司停水,则通知暖通主管组织专业人员查明原因,在最短时间内解决问题,做好停水记录备案。

(2) 停电事件的处理

①当会展企业员工发现市电停供时,立即通知值班工程师,并按自备电投送程序操作,在 5 分钟内投入自备电。

②值班工程师立即通知强电班投送自备电,并且联系供电局,确认是否停电并询问恢复供电时间。

③通知各部门恢复市电时间,请各部门做好准备工作。

④强电班加强自备电运行中的技术力量,不间断巡视发电机的运行状况,确保自备电的使用;在自备电使用过程中,若负荷过大,应先确保主要设备及营业部门的用电。

⑤市电恢复后,值班工程师立即通知各部门做好切换前的准备,确认后迅速切换。

⑥强电班关闭发电机,使其恢复到备用状态。

⑦值班工程师向工程经理汇报停电经过及设备运行状况,并做好记录备案。

⑧若是非供电局停电,则通知强电主管组织专业人员查明原因,在最短的时间内解决妥当,并做好停电记录备案。

(3)停空调事件的处理

①空调房在空调运行中出现异常情况,影响区域空调使用时,空调工应马上向空调领班汇报。

②空调领班接到报告后,组织专业维修人员赶到现场进行抢修。

③如异常情况无法在短时间内解决,若有备用时,空调工应启动备用设备;若无备用时,应向动力主管汇报,由其指挥抢修工作。

④空调领班通知各部门空调状况、修复时间,请各部门做好解释工作。

⑤恢复正常后,立即通知各部门已恢复正常。

⑥向动力主管、值班工程师汇报空调停运经过,并做好记录备案。

(4)运行电梯发生故障的处理

①电梯运行中发生故障时,会展企业员工或客户应立即通知值班工程师。

②值班工程师接到通知后,马上联系电梯工赶至现场。

③通知会展值班经理、保安经理和大堂副理,做好协助及对客户解释工作。

④组织工程电气及机械专业人员配合电梯工工作。

⑤强电主管必须在现场协助、督促问题的解决。

⑥维修人员查明故障原因后,要彻底解决,杜绝事件的再次发生。

⑦值班工程师记录事件的原因、经过和处理方法并备案。

(5)电话中断事件的处理

①电话发生突然中断后,会展企业员工应立即通知值班工程师。

②值班工程师接到电话后,指派电话维修工到总机,检查中断原因。

③联系电信局,问清是否为电信局故障,并要求提供业务指导。

④通知客房部及相关部门,做好对客户的解释工作,告知故障修复所需时间。

⑤恢复正常通话后,立即通知各部门通话已经正常。

⑥向工程经理汇报事件的发生、经过、原因和处理方法并记录备案。

3)做好工作记录

①维修人员在维修后及时填写维修记录。

②故障排除后,值班工程师做详细的处理记录,编写事故分析报告,将事故原因、事故状况、处理方法、预防措施汇报给工程经理,并抄报总经理。

③若经调查发现是人为事故,则由工程提出对责任者的处分意见,报总经理和人力资源部批准后执行。同时,由工程技术人员再次对有关人员进行培训和教育,以防止类似事故再次发生。

8.1.7　重大活动工程服务流程与规范

1)制定设备安装和维护方案

①会展承接重大宴会、酒会、会议、联欢活动时,外联部根据接待方案,事先向工程部通报举办活动的内容、时间、地点及其对灯光、音响、舞台、讲台等设备安装布置的要求。

②工程收到通知后,工程经理和专业主管及时同使用部门联系,明确重大活动设备安装布置的具体要求和任务,提出设备安装和维护方案(在方案中要明确此次活动的总工程师),上报总经理。

③总经理审批同意后,工程部开始实行设备安装和维护方案。

2)安装和维护设备

①在重大活动正式开幕前,总工程师组织技术人员按照设计方案架设电源电线,安装音响、灯光、舞台、讲台、麦克风、投影仪等。

②在安装过程中,工程经理和总工程师应全面督导,协调各班组落实完成各项任务。

③设备安装完成后,技术人员要进行全面调试和试运行。若发现问题,及时调整和改装,以保证设备与重要活动内容要求相协调,保障设备运行安全。

④在重大活动举办期间,工程经理指定各主管和维修人员在现场值班,负责设备的使用和调试,满足活动和客户的需要。

3)撤除设备

①重大活动结束后,工程技术人员会同使用部门及时撤除各种设施设备,清理好现场,恢复原状。

②总工程师将设备安装和维护方案、使用材料及完成效果(拍成图片)存档,以备下次活动时参考。

8.1.8 设施改造工程服务流程与规范

1) 制订设施改造工程计划

①当总经理提出设施改造任务时,工程部负责根据总经理的要求制订会展设施改造工程计划,报总经理审批。

②总经理审批同意后,工程部正式实施设施改造工程计划。

2) 确定设施改造设计方案

①企业会同工程部根据工程项目的规模、性质、特点,通过"公开招标"或"邀请招标"的方式选择有相应资质等级、信誉好、价格合理及具有实力的设计单位(3家以上)。

②对设计单位提供的设计方案(包括工程预算、设计图、效果图和施工图等)进行评标,确定设计方案,经财务部对工程预算进行审核后,报会展总经理审批。

③总经理审批同意后,工程部与设计单位签订委托设计合同(包括项目主要内容、设计质量要求、设计阶段和完成时间、设计费用及违约责任等)。

3) 确定施工单位

①在完成工程的设计和概算后,企业会同工程部就拟建的工程提出招标条件,发布招标通知或公告,邀请投标企业提出自己完成工程的各项保证。

②从投标单位中选择够资质等级高、工期短、造价低、质量好、信誉好、有实力的企业前来参加评标。

③经过评标后,选定施工单位,报会展总经理审批。

④总经理审批同意后,工程部与中标单位签订施工合同,其内容应包括施工的工期、技术要求、预算造价、付款要求及施工过程中不可预见问题的处理办法等内容;同时,与中标单位签订《承包工程安全管理协议》《消防安全协议》和有关管理条约。

4) 监督施工工程

①签订施工合同后,工程部通知有关部门和客户,组织施工单位或内部工程技术人员在施工前的规定范围内做好准备工作。

②对进入会展内作业的施工人员,由工程部,向施工单位提供施工人员出入证,施工人员凭证按指定路线出入会展施工场所。

③施工过程中,工程部负责施工过程的协调组织工作,督促检查施工单位按合同条款和质量要求组织施工。保安部负责施工过程中场所、器材、动用明火等安全管理工作,保证施工不影响尚未改造部分的正常营业和施工中的质量与安全。

④施工过程中,必要时可采取装饰性封闭措施,其装饰水准应与会展相应水平一致,且应在客户较少时进行,以免影响和打扰客户。

⑤对于施工过程中的各项隐蔽工程,工程部必须在其隐蔽前经过全面验收、符合质量要求后才能隐蔽,且所有检查验收项目必须经工程经理签字认可后,才能交下一工序施工。

⑥施工过程中,若发现所用材料、设备和施工质量违反合同或不符合要求,必须督促施工单位重新调整或返工修理,以确保设施的改造质量。

⑦施工过程中,若施工单位需动用明火,由工程向消防小组办理动火证,并做好安全管理。

⑧检查施工中的材料、零配件是否摆放整齐,保证周围环境不影响会展的形象和客户的通行。

5)竣工验收

①施工改造完成后,施工单位应向工程提交竣工报告。工程收到报告后,应及时组织相关技术人员进行验收,若有问题,应请施工单位立即整改。

②工程负责对所有图纸资料(包括主要批文、各类系统图、竣工图、各类资料)进行收集、整理并保存。

③施工单位在验收后的规定时间内,将工程结算报告交给财务部审核。财务部审核后,交总经理审批,然后按照总经理的指示,按核定的数额付款。

8.2 展位拆装服务工作流程与规范

8.2.1 展位设计搭建服务流程与规范

1）客户资源采集

①在上届展览会的会刊上采集。一般比较成熟和已经固定的展会,行业中的主要厂商基本上会继续参展,因此上届会刊是很好的渠道。会刊资料往往登载有平面图(可以看出是否展位属于特装,一般面积在 36 平方米以上是需要特别布置的)、展商的联系方式和简介(有些展会也会把公司的展会负责人姓名登在上面)。会刊资料可以配合现场实景照片进行比较,重要展会进行拍摄存档(数码相片统一存放电脑并备份、相片纸打印编号存档以方便查阅)。

②展会专设网站采集。比较有规模的展会基本上建有专门的网页,一般有对下届展会的宣传和以往展览的回顾,有些不仅会列出上届的展商,为显示其展会效益,网上也上传一些布置得美观的展位照片。

③行业资讯媒体采集。行业资讯媒体比较熟悉其行业的展会和厂商,有些专门的采访类栏目,类似展会快报的性质,里面有参展商市场宣传方面的负责人信息。

④通过正在服务客户的参展商手册和平面图采集。如果在每次展会上有已经在服务的客户参展,最好能够通过其获得展位平面图(在为新客户服务时也要尽可能获得所有展商的平面图),上面是最新的参展商,对该届展会的特装客户可以一目了然。

2）初步电话联系

①准备好联系电话、相关资料。
②询问意向,推荐产品。

3）再次电话跟踪联系,进行实质性拜访

①上门拜访客户要点领会:会展行业的业务特殊性在于它的客户基本是确定的,只是客户需要选择不同的供应商而已。很多的客户会进行邀稿竞标,这

些是很多展览公司都可以进入的,有些供应商关系已经固定的客户需要通过其他机会再进入。很多时候,确实要参展的特装客户是需要展览服务的,可以进行登门拜访。通过与客户的交谈,详细了解客户的意图,明确客户希望展示的主题,偏爱色调,是否开辟洽谈区,需要媒介设备等。有些客户会提供其公司的介绍给展览公司,但即便有对方的公司介绍,通过交流,业务人员需要得知其以往的展台情况,特别是为什么会放弃原有的合作关系,有哪些地方是不满意的。有些客户通常邀请很多家比稿,但最后选中的方案是几个方案的集合,对于这种客户事先很难分辨。也有个别客户已经有了搭建商,只是为了形式,或是为了通过比稿得到一份现成的设计图,最后自己另外找人做。目前会展行业比较混乱,该种情况希望可以通过与客户交流能够提前得以发觉,以避免陪标、资源浪费的情况发生。

②取得客户参展相关资料:如果得到客户的认可,同意为其展览提供策划设计,通常需要得到客户的以下资料——展馆平面图、展位面积、参展商手册、客户公司介绍资料、客户公司全称、客户标准公司标志、客户标准字体、客户标准色标、参展产品名称规格和数量、参展产品用电要求、重点参展产品、展位制作预算等。通常不管是何种情况,客户都会提供设计本身需要的资料,但对于展览服务公司来说,获得客户的费用运算是最关键的,在投标比稿中尤为重要。有些客户会给一个大概的范围,但有些客户不愿透露,甚至本身也没有事先预算。可以收集该客户的以往同行业展位照进行比较,或者把一些展位图给客户参考选择,并告知其大致费用,请其选择参考。客户一般会选择其风格和价格都比较接近的展台图。参展商手册和客户要求,关系到设计师的方案是否能够达到入围中标,应该尽可能齐全地从客户那边获得。展商手册涉及展馆的技术参数和规则要求等。客户要求可从以下几个方面明确:展位结构、展位材质要求、色彩要求、设计重点、照明要求、展板数量、展位高度等。

③明确设计图交付日期,制订工作计划:同客户明确首稿的交付时间和要求,会同设计师进行安排。对于大的项目,应该制订一份工作时间明细表,有需要可以提交给客户。

4)出图

①向设计师转交客户设计要求,并随时与客户进行展位设计的相关沟通交流:为实现设计部的统一安排,业务人员应该把与客户在项目接洽中获得的客户设计要求和可能的需求风格,填写设计明细表,转交给设计部的负责人。

②在设计师出图中,业务人员应该保持同客户的随时联系,把握其可能的

变化。如果有必要,应该把设计师介绍给客户,让双方可以有直接的联系。对于需要亲自去考察测量的场地,可以由业务人员或者设计师安排去现场。设计师应注意同工程施工人员保持联系,了解最新的展示材料,避免设计采用的材料陈旧或者有些设计无法实地施工。

5)交图

①向客户交付设计初稿、设计说明、工程报价。展台初稿定下以后,会同供应商得到成本价,制作明晰的报价单。一般展台设计的报价有一个比较细分的顺序,既是为了方便具体列项,也有助于让客户明了并乐于接受,往往按照设计图从天到地,或者从外到里按顺序罗列,防止漏掉项目。

②在报价中要对材料、颜色、形状及尺寸进行尽可能完整的描述。一份完整的报价就是一份详细的工单,便于把握施工成本核算及施工的准确性。展览设计承建中,有一部分费用是可以由客户自己向展馆支付的,但往往实践中都是展览公司代交的,在报价中,凡代场馆收费的项目一定要注明,比如电箱申请、场地管理费等。

③有些客户要求在提交设计图时同时附上设计说明,但有些要求比较简单,只要看到实际的效果图就可以;一些形成规模的企业比较注重形象宣传,尽管没有明确要求设计图附有说明,但从今后正规化考虑,应该提倡设计师写设计说明。一般可以就展位风格、材质说明、展位功能、色彩说明、照明说明、设计重点等几个方面进行阐述。交图时,如果能够安排设计师一起同客户见面最好,可由设计师向客户说图,解释该方案的卖点和最大的与众不同。

6)消息回馈和改图

①研究客户反馈意见。客户如果是多家比稿的话,就会有一番筛选。
②进行再次修改。如果要求继续修改,那么应仔细了解其真实意图,认真同客户沟通。如果客户要求重新以不同风格再次出图,应该综合具体情况。

7)项目跟踪

①根据跟踪结果,决定发展方向。如果失标,探知具体原因,总结经验;下次展会去现场观看,再和客户交流。
②中标,则进入第8步签约。

8)签约

①同客户确定工程价格。在报价确定价格时,一定要保证所有的材料和特

别要求是公司能够做到的。否则一旦客户确认而现场无法达到要求的话,将造成不好影响。

②明确同客户的相互配合要求。展馆现场搭建的时间一般都比较紧张,只有 2~3 天的安排,这其中还有客户的展览产品需要布置,有时涉及需要提前申报的事宜,应同客户协调好双方负责的范围。

③签订合同,收取预付款。按照公司合同范本制订搭建合同,一式几份,客户回签后交给行政部保管。按照合同条款收取预付款,开具发票或收据。

9)制作

(1)根据部门工作单完成制作及准备工作

根据具体项目的需要,安排 AV 设备、木工结构制作、地毯供应商、美工制作等部分按照设计图的要求和客户制订的内容进行制作。注意在制作过程中如果有变动,应及时同设计师联系,有需要业务人员应照会客户。

(2)安排客户到工厂实地察看制作及准备情况

一般客户确认最后的效果图后,就只是等待到时进场,有些项目较大或者是客户特别注重的项目会在制作中进行监督,应做好安排其到公司或工厂车间参观的准备。

(3)完成主办、主场、展馆等各项手续

有些项目应该于开展前向展馆或者主办方进行申报的,如就定水、电、气与客户确认,并向主办方提供必要的材料,如电图等进行审批。对于某些特殊用材如霓虹灯、高空气球等,还要进行特别的审批。

10)现场施工

(1)现场展位搭建

现场施工的好坏决定了项目设计是否得到了实现。现在有很多的展览公司只注重设计不注重搭建,造成了客户的不满,这也是在展览服务中经常有客户更换供应商的原因。一般在搭建中客户也会在现场布置展品,此时最好具体负责该项目的业务服务人员能到现场陪同,有必要时,设计师也可以到现场监督施工,并同客户及时交流。尽管实际的效果不能马上体现,但是很多客户希望能得到这样的服务。如果业务人员确实有原因不能在现场,应该把负责搭建布置的联系人介绍给客户。

（2）处理现场追加、变更项目

现场中经常会有一些设计中本身没有预料到的情况出现，而且客户也会临时提出一些要求。如果是由于公司本身的原因造成的，应及时进行更改；如果是客户额外提出的，应保证首先满足其合理的要求，同时对追加的部分要求客户确认，补充到总项目款项中。

（3）配合客户展品进场

实践中往往是先把展台结构布置好以后再安排展品入场，现场的工作人员一定要注意为客户服务，配合其展品进场。

（4）客户验收

所有的搭建工作完成后，要进行展位的卫生清洁，直到客户验收完，确保次日的开幕（应注意有些时候自己展台搭建完成的较早，所有工作都结束后，由于隔壁展位的施工，会造成展台卫生和展品摆放等受到影响）。

8.2.2　物品租赁服务流程与规范

展馆的物品租赁服务主要针对参展商，服务内容包括灯具（electrical）、自备灯具接驳（connection charge for standard booth only）、视听设备（audio-visual equipment）、家具（furniture）、展具（construction fixture）、绿植（plants）等物品的租赁与外借。

1）介绍物品租赁信息

①客户要求租用物品时，接待员应向客户介绍可出租的物品型号和收费标准。

②了解客户使用的其他展会型材规格、软件等。

2）检查设备

根据客户使用的其他展会型材规格、软件等，接待员选择与其相匹配或兼容的物品型号并检查设备运行是否正常。

3）出租物品

①接待员将物品交给客户检验，在没有异议的情况下，收取押金，开具收据。

②客户接收物品。

4) 结账

①接待员在展会结束后,检查物品是否完好,根据检查情况与使用时间,开具收费单。

②结清费用,若客户要求开具发票,则代为联系财务部出具发票。

8.2.3 退场服务流程与规范

1) 展会期间管理

①在开展期间,主要是客户的接待工作,但很多时候会需要对展台进行维护和临时配置东西。业务负责人员和一两个工人应在现场进行应急服务。从客户方来讲,其很希望能够在展览期间有展览公司的人在场,并且最好是其熟悉的,能够在有需要的时候随时可以得到解决。客户的工作人员,应该有展馆的现场服务人员的最直接的联系方法。

②安排增值服务。内容可以很广泛,有些业务人员在现场帮助客户做接待工作,外语水平好的可以充当翻译服务,甚至可以帮助客户发送资料、安排客户间见面等。

2) 展台拆卸

①配合客户撤离展品。展览结束后,应首先配合客户把展品撤离现场,再进行展位的拆除,如果客户对有些材料需要再次使用的,应帮助其打包运输;如果是需要保存的,应主动拆装。

②展台拆卸。

③退回前期预付的相关费用。完成工程后,应及时进行成本总结,向展馆或主办方退回事先预付的电箱申请、通信押金等费用。

3) 后续跟踪服务

作好后续服务是赢得回头客的重要原因。许多公司认为展会有些要间隔半年或一年才举办一次,展会结束了也就中断了与客户的联系,从而忽略了对客户的关怀。但其实客户是很脆弱的,也是很容易被他人挖走的。

①把在展览现场的照片打印或冲洗一份给客户(包括客户本身的和其他公

司的）。

②为客户整理展会的会后总结、收集该行业的今后会展信息,提供客户下次参展的信息,如果方便,可以邀请客户参观公司为其他行业客户设计的优秀展览等。

4）收取工程尾款

按照合同约定收取尾款,开具发票或收据（与财务部配合）。

8.3 水电服务工作流程与规范

8.3.1 电话系统巡检服务流程与规范

1）制定电话系统巡检制度

①弱电主管制定会展电话机房巡检制度,报工程经理审批。

②工程经理审批同意后,电话领班组织电话修理工严格按照制度要求进行电话机房的巡检工作。

2）巡检电话系统

①电话修理工检查交换机有无报警,电源工作是否正常,有无异常声音,有无异味及烧焦现象。

②检查各项运行设备的温度及功能是否正常。

③检查机箱内外是否清洁,走线是否整齐,各种指示灯是否正常。

④检查机房温度是否符合规定要求,空调设备工作是否正常;机房内消防器材是否完备齐全,有无易燃物等。

⑤检查交换机稳压电源工作是否正常。

⑥检查终端硬件设备工作是否正常。

⑦检查话线有无松动,配线架接地安装是否良好。

⑧检查电池安装和接线是否牢固并测量电池电压。

3) 排除故障

(1) 电话分机设备的故障

①当电话分机设备出现故障时,电话修理工应区分是交换机端口设备故障,还是分机线路接线盒和分机电话机故障,并且需在主配线架上断开分机线路与端口设备的连接片,用测试电话机连接到端口设备上,然后在程控机维护终端上用线路端口检测程序检测报修分机设备号。

②若检测未通过,则端口设备损坏,应换端口设备板;若检测通过,再检查线路和接线盒的接线是否良好,并用万用表直流电压挡测量线路两端电压。

③若符合规定的馈电电压,同时可用测试电话机并接到线路上作拨打电话试验。

④若正常,则话机有故障,应该检查话机;若测量电压不正常,则为线路故障,应向电话安装部门报修。

(2) 中继线故障检修

①当中继线发生故障时,电话维修工应在程控机维护终端上,用线路端口检测程序检测指定中继设备号。

②若检测未通过,则端口设备损坏,应换中继端口板;若检测通过,应查市话电缆用户端口上电压,可先在主配线线架上断开连接片,用测试电话机连接到市话线路上作拨打或接听电话的试验。

③若不正常,再用万用表直流电压 100 V 档测量被测的端口电压。

④若电压不是规定值(程控 48 V,纵横 60 V)则端口有故障,应向电话安装部门报修。

(3) PMS 接口故障

①电话修理工应在程控机维护终端上,用 PMS 接口仿真程序在终端上模拟运行几个过程(如 WAKEUP、CHECKIN)。

②如测试通过,则 PMS 接口软件没问题,应继续检测 PMC 接口设备,在维护终端上用相应接口检测程序检测接口设备;如测试未通过,则接口设备损坏,应更换 PMS 接口设备。

(4) 程控机交流电输入停电处理程序

①电话修理工迅速与会展配电室取得联系,确定停电时间的长短。

②在程控交换机自动进入蓄电池供电状态后,应每隔 15 分钟测量一次蓄电池电压。

③当发现蓄电池电压降至45 V以下或程控机的部分设备发生停机时,应关闭程控机的直流48 V输入开关,立即报告电话领班。

④详细记载停电发生的起止时间、蓄电池的使用情况,在恢复正常供电后及时检查蓄电池的充电情况。

(5)程控机外围控制设备故障

①电话修理工应先检查电源输入是否接好,用万用表相应电压挡测量电压是否正常。

②检查开关设置是否正确,如有问题,应重新调整设置好。

③如开关设置正确,则应检查与主设备的连接是否接好,如有问题,应按正确方法接好,经以上检查,如设备仍不能正常运行,应向电话领班报告。

(6)程控机CPU设备故障

当程控机CPU单元发生故障时将出现停机,电话修理工应立即向电话领班报告。若主机是双备份的,应切换到备份机并注意观察运行情况。

4)建立电话系统设备档案

①电话修理工要详细记录巡检过程中各种设备的运行情况,以及发现的故障(如原因、现象和处理办法等)。

②建立电话系统的各种设备档案,通过巡检不断完善,全面掌握各种设备的运行情况。

8.3.2 音响系统管理服务流程与规范

1)开机前的准备工作

①电视音响工逐个频道监听,确认音源、控制器、放大器的完好性。

②准备好当天要使用的磁带或唱片,检查其能否正常播放。

2)监视音响系统的运行情况

①各项工作准备好后,电视音响工于会展规定时间打开音响系统,并注意监听和观察系统的运行情况,做好记录。

②若在运行中,系统音源发生故障,可用监听确定是哪路音源,再检查音源输出端各个插头接触的完好性。

③确认是音源设备的故障时,应立即停机,退出故障音源并适时使用备用

音源设备,补充该路背景音乐。

④当接到某一区域背景音乐不正常播放或没有的通报后,应立即检查机房的背景音乐设备的完好性,若机房设备完好,应及时到该公共区域检查线路和扬声器。排除故障后,填写故障及排除的记录。

3)关闭音响系统

①电视音响工于规定时间关闭公共区域和客房区域的背景音乐功率放大器。

②取出音响系统中的磁带或唱片,将其存放在指定位置。若发现磨损、破损严重影响播放效果的磁带或唱片,应单独放置并报电视音响领班处理。

测　评

【真实任务】

4月27日是世界知识产权日,上海市工商局于2011年4月26日通报了本市知识产权保护工作。针对日前长宁区龙之梦购物中心涉嫌销售假冒商品一事,工商部门透露,此案已经立案调查,特卖会也将成为商标专项整治行动的重点区域。

记者调查发现,部分沪上特卖会由展会公司转包,准入门槛不高,甚至会对假冒商品"睁一只眼闭一只眼"。

1.事件还原:特价耐克鞋疑为假货

日前,沪上有媒体报道,长宁龙之梦购物中心的特卖会上,各种打着"断码""促销"旗号的低价商品其实是假货,"近300元的球鞋打着耐克的牌子,可能是几十元的七浦货"。

在该报道中,记者还专门购买了一双299元的耐克特价球鞋,并前往耐克专卖店验货,6家正品专卖店的店员均指出此特价球鞋并非正品。匡威恒隆店一名负责人也直言,这类过分低价的球鞋基本不可能是正品。

据了解,龙之梦特卖会的主办方为上海越益会展服务公司,特卖会场地是向龙之梦商场临时租赁的,租期一周。在被举报后,涉嫌售假的商家玩起了"躲猫猫",在工商部门赶到检查前,撤下了所有商品以躲避处罚,等工商人员一走,特卖的鞋子又继续摆上货架进行销售。

事实上,这已经不是龙之梦第一次卷入售假风波了,早在2010年8月,便有媒体曝出,市民曾在此买到的"阿玛尼"是假的,经销商依托商场特卖平台销售"伪名牌"。其中不少商品都是与国际大牌仅相差一个字母,极容易误导消费者,商品质量也属一般,看似捡了便宜的名牌打折商品,其实是价格标高的地摊货。

2.工商说法:特卖会监管有一定难度

记者从长宁区工商分局了解到,目前龙之梦涉嫌售假案尚在调查中,商品真伪还需进一步鉴定。如果情况属实,将依照工商相关法规予以处罚并对外公布。

市工商局于 2011 年 4 月 26 日召开的"2011 年知识产权宣传周资讯通报会"上,陈学军副局长透露,此案已立案调查,工商将重点整治服饰和小商品市场、主要商业街、特卖会、展销会、印制企业等重点区域和重点企业。对于龙之梦等特卖会场所将加大检查力度,增加检查频次。

不过,市工商局商标处相关人士在发布会结束后表示,特卖会商品的监管存在一定难度。在展销会管理办法废止后,举办特卖会并没有强制要求进行工商备案,工商部门只能事后监管,特卖会周期又较短,监管很困难。

另外,此案中龙之梦是否担责也未明确,商标处人士称,具体情况要具体分析,双方是租赁场地的关系抑或是合作销售关系会有所不同,需先了解双方协议内容。据悉,《商标法实施条例》中规定,故意为侵犯他人注册商标专用权行为提供仓储、运输、邮寄、隐匿等便利条件的,属于侵犯注册商标专用权的行为。但是,如何判断是否故意又是一道难题。

3.记者调查:各类短期特卖会准入门槛低

在沪上多个信息搜索门户网站都能看到"特卖会花车招商""大型时尚品牌服饰折扣会诚招品牌邀请函"等招租信息,记者以外贸品牌代理的身份致电这些展会公司,发现特卖会准入门槛不高。

"我们公司有很多年的品牌特卖折扣会的成功经验。"一家 Q 字打头的商贸有限公司联络人陆先生介绍,5 月在中山公园某购物中心内将提供特卖会花车展位,"700 元一天,作为宣传费,加上 23% 的扣点,这价格算便宜了,之前还是每天 800 元宣传费的"。

陆先生提醒,如是外贸品牌,近期最好不要出现仿名牌,"最近工商查得紧,尤其是中山公园一带,你把贴标换掉,换成不知名的品牌就可以了,但不要仿名牌。"而对于签约时是否需要提供正品证明,陆先生并未强调,只说需要提供三证即可。

而另一家在虹桥某商场内将举办特卖会的展会公司负责人蔡先生也表示,

"做外贸品牌特卖,只要不是仿国际品牌,中档价位的就可以了。"但对于"傍名牌"或者是"假名牌",多家展会公司在签约时,也未明令禁止。

记者了解到,这些会展公司"盘踞地"不仅有大型商场,在写字楼、会展中心都有他们的身影。"我们五月在龙之梦做特卖,六月就到光大、七月还会做东亚展览中心。"一家会展公司业务员表示。"我们一般找一些购买力强的写字楼一楼,周围有餐饮配套,又有公交站,人流量大,走量抛货比较容易",5月将在银城大厦举办大型特卖会的赵先生推销道。

【任务要求】

请以展馆负责人身份,分析如何解决该问题。

项目9
保安服务

【任务目标】

1. 掌握保安服务的流程；
2. 熟悉保安服务发生问题的主要原因,并掌握基本处理方法。

保安服务是保障展会正常运行的必要条件,尤其在"非典""911事件"后,对于公共大型活动的保安服务更加得到广泛重视。

保安服务人员的职位职责包括:

①负责维持会展现场秩序,保证会展现场出入口畅通。

②密切注视会展现场出入人员,劝离衣冠不整者及闲杂人员。

③负责查验展会入场人员证件、物品安全扫描放行手续。

④负责非公司人员出入的登记工作。

⑤负责监控室电视屏幕及消防监测设备的监视工作。

⑥发现异常情况和可疑人员及时报告,并及时到现场查看。

⑦负责指挥引导进出车辆,安排进入的车辆停放在指定位置。

保安服务人员的基本要求包括:

①身体素质良好。

②无不良记录。

③吃苦耐劳,具有较强的责任心和职业素质。

④具有良好的心理承受能力。

【案例导入】

"这是会展中心成立以来首起由参展商制造的暴力事件,因为授权和商标方面的纠纷,一参展商竟然率领10多人围殴另一参展商。"第16届中国(深圳)国际玩具及礼品展主办方有关负责人表示,以后要加强对参展商的审核,避免类似的事情再次发生。

被打的现代生活电器(中国)营运中心CEO司徒志梁说,现代生活电器(中国)营运中心是现代生活电器在中国区的唯一授权代理商,可在玩具及礼品展上,他们发现在9号馆有一个名为"雄皓现代"的展台。"这个展台不仅摆着'雄皓现代'商标的一些产品,还有不少打着'韩国现代'商标的产品,而且他们的产品宣传册上,还写的是韩国现代中国唯一指定授权和韩国现代综合商事株式会社的公司地址。我们就要求公司负责人吴雄先将涉及韩国现代商标的产品和宣传册下架处理,但吴雄先却称他们公司也有相关授权。"

25日下午5时会展中心闭馆后,司徒志梁和两个同事刚走到6号馆门口,就见"雄皓现代"负责人吴雄先带着10多个男子在外面等候,一见司徒志梁过来就围起来。"离会展中心保安监控室不远时,吴雄先就打了我一个耳光,我躲过后,他又一拳打在我胸口。"司徒志梁说,接着,那10余名男子围过来,对着他的头部、背部猛打,他就跑,刚跑了3米多远,就被这些人打倒在地上。过了好几分钟,会展中心保安员过来时,这些人才四散逃跑,但还是被抓住了4个。

"我们公司也是授权销售,并不是伪造韩国现代的产品。""雄皓现代"的吴雄先在电话中接受了记者的采访,称他们2008年3月28日就取得了授权书。

"我是打了司徒志梁两个耳光,这是因为他老是在我公司展台前说我欺骗客户,还要查封我的展台。"吴雄先在电话中称,当天下午,他打了两个耳光后就跑了,至于司徒志梁遭到另外10多人打的事情,并不是他指挥的。

"不管发生什么纠纷,打人是不对的。"第16届中国(深圳)国际玩具及礼品展主办方有关负责人证实了此事。

经法医鉴定,司徒志梁为轻微伤。此案已经引起福田警方的高度重视,正在进一步调查当中。

【案例分析】

近年来,参展商与参展商、参展商与组委会、观众与保安、参展商与保安之间的纠纷越来越多。而这些只是属于展会安全保障体系出现的一些小问题,而如何防止集体性食物中毒、消除火灾隐患等,成为我国目前展会安全保护服务的重中之重。

9.1 日常服务工作流程与规范

9.1.1 保安基本行为规范

1)上岗准备

①员工通道保安员根据上岗要求着装整齐,提前到岗。
②保安员与交岗人员进行工作交接并仔细阅读当班工作记录。

2)交接班管理

①本班相互转换岗位时,须认真做好岗位工作记录。
②本班最后一岗与下一班交接时,要将本班工作情况详细交代给下一班,以便下一班开展工作。
③交班人员将公物转交下一班,并在最后一岗的工作记录栏目里写明下一班接岗人的姓名。
④发现问题,交接双方须当面说明。如果交班人离开后,接班人才发现属

于上一班问题的,应立即报告班长或部门经理处理。

⑤交接班须正点、守时,非特殊情况,不得超时接班。

⑥接班人未到,交班人不得离岗,否则由此产生的一切后果由交班人负责。

3)警棍佩带及合理使用

①警棍是保安人员执行公务时佩带的自卫防暴器械,保安员应严格保管和使用,不得将警棍转借他人。

②当值保安员应将警棍挂在腰带后侧。

③不得在岗位上随便玩耍或挥舞警棍。

④处理一般问题时,不得手持警棍或用警棍指着客人讲话。

⑤非紧急情况或人身安全未受威胁的情况下,保安员不得以任何借口或理由使用警棍攻击他人。

⑥当值保安员要妥善保管所佩带的警棍,如有遗失或损坏,要照价赔偿。

⑦交接班时要检查清楚后再交接,接收人发现警棍被损坏而不报告,应负责赔偿。

4)对讲机的合理使用

①持机人负责保管和使用对讲机,禁止转借他人或将天线拆下来使用。

②发现对讲机有损坏或通信失灵,持机人应立即向直属上司报告,由部门主管检查后交维修部维修,严禁自行拆修。

③严格按规定频率使用,严禁乱按或乱调其他频率。

④严格按对讲机充电程序充电,以保障电池的性能、寿命和使用效果。

⑤交接班时,交机人要讲明对讲机当班使用状况;接机者当场查验,发现损坏或通信失灵,立即报告当值主管或班长。

⑥对话要求:呼叫对方时,先报自己岗位,再呼对方,并在最后讲"收到请回话";收接方回话后,呼方要简明扼要地将情况讲清楚,收接方收到情况或信号后,应回答"清楚"或"明白";用对讲机讲话时应使用规范礼貌用语,严禁用对讲机粗言秽语、开玩笑或谈与工作无关的事情。

9.1.2 客户报案处理服务流程与规范

1)接到报案

①总机值班员接到客户报案时,要问清报案人的姓名、身份、联系方式、发

现和发生案件的时间、地点并立即通知保安部。

②保安部接到通知后,保安部经理带领保安人员立即赶赴现场,同时向上级领导汇报现场情况。

2)处理案件

(1)客户被窃案件的处理

①保安员向客户了解物品遗失的经过。

②根据客户提供的信息进行分析,是被盗还是丢失、丢失可能过程与原因,征求客户意见是否报告公安机关。

③若是客户自己不慎丢失,应尽力帮助客户查找,经领导和客户同意后,向公安机关报案。

④如客户物品被找回,保安员要认真履行认领手续,必须要客户本人或代理人在有关单据上签字确认,方可领回。

⑤如客户物品在会展范围内丢失而未被找回,保安部请财务部对客户丢失物品作适当评估,按照会展有关规定进行赔偿。

(2)客户被骗案件处理

①保安部员工向客户了解被骗的经过及可疑人员的特征、去向。

②保安部员工对案件的知情人、关系人进行访问,做好记录。

③保安部经理通知各岗位保安员密切注意可疑人员,如发现可疑人员,立刻报告并将其控制;如调查没有线索,保安部经理要向客户介绍工作进展情况并向其作出解释。

④保安部征得领导和客户的同意后,向公安机关报案。

(3)一般安全事故(如液化气泄露)的处理

①保安员向事故发生的部门或有关职能部门通报情况并请有关专家、技术人员赶赴现场。

②保安员与有关专家、技术人员一道控制现场,防止事态扩大。

③保安员配合有关部门寻找有关目击者、现场工作人员调查事故的起因。

3)记录、存档

①保安员详细记录事件的经过和处理情况。

②保安部经理根据保安员的工作记录写出事故总结报告。

③保安员将所有材料归整并存档,同时记录在工作日志上。

9.1.3 核查协查通报服务流程与规范

1) 接收协查通报

①会展接到行政执法部门通过邮件、传真发来的协查通报后,客服部或保安部经理负责人签收。

②会展接待行政执法部门人员来会展其调查,客服部经理应请对方出示证件和介绍信,询问对方需要了解的内容,并通知保安部经理到场。

2) 下发协查通知

①根据协查通报的内容或要求,客服部或保安部经理派专人复印数份,将复印件发保安部或客服部。

②必要时发到财务收银处、会务、客房、车队等部门,由其负责人签收。

3) 开展协查工作

①根据协查通报的内容,保安部经理请有关的部门经理或其指定的人员口述或出具书面材料。

②若协查需要客户材料时,保安部经理要问明调查目的,请接待员从"登记单"或"电脑记录"中摘录有关内容,必要时也可请有关员工提供情况。

③员工如发现协查对象,应立即报告保安部经理,按保安部经理的交代处理。

9.1.4 报查可疑人员服务流程与规范

1) 发现可疑人员

①总机值班员接到可疑情况报告时,问清报告人的姓名、部门、身份及可疑人员的活动地点,通知附近保安员到现场查看。

②保安员迅速赶赴现场,将可疑人员带至保安办公室审查。

2) 审查可疑人员

①保安部审查可疑人员时要与服务部门经理及服务主管联系,相互配合,以恰当的口气询问,避免发生误会(可疑人员是女性的,应由一名女保安员参

与;有两名可疑人员的,应分开审查)。

②问清其姓名、单位、事由。

③查验其证件及随身物品。

④在没有确实证据的情况下,不得闯入及搜查客户房间。

⑤注意发现可疑之处,若发现客户有违法行为,要详细询问客户的违法过程,并找相关人员了解情况,做好记录。

3)作出处理

①若经审查是误会,保安员应向其道歉,并感谢其协助工作。

②若客户的可疑情况属实,保安员根据审查结果作以下处理。

a.客户违法行为情节较轻,且非主观违法,也未造成后果的,由保安部经理对其批评教育后放人。

b.若客户违法行为情节严重,保安员要严密控制、监视出入人员,经请示批准后立即报告公安部门。公安部门来人后,将客户和所掌握的资料移交给公安人员,同时要记清公安部门哪个部门、何人来处理,以便日后联系。

③保安员将可疑人员审查记录和处理措施形成报告存档保管。

9.1.5 紧急疏散工作服务流程与规范

1)制订紧急疏散预案

①保安部经理根据会展的安全制度规定和实际情况制订会展安全紧急疏散预案,报总经理审批。

②保安部经理组织保安人员学习、演练、实施领导审批的会展安全紧急疏散预案。

2)下达紧急疏散命令

①当会展遇到火灾、爆炸等紧急情况时,保安部经理立即上报给会展总经理,由总经理决定并下达紧急疏散命令。

②保安部经理接到总经理紧急疏散的指示后,通知会展客户和员工配合保安人员有秩序地离开会展项目。

3)进行紧急疏散

①客房保安员先疏散着火或发生爆炸楼层的以上客户和员工,再疏散出事

楼层以下各层的客户和员工,并做好出事层以下客户的安抚工作。

②保安员维持好大堂秩序,确保会展企业财产不受损失并阻止无关人员进入会展现场。

③员工通道保安员要立即阻止外来人员进入,请无关人员离开会展,引导救援人员通过此处进出会展。

④地下停车场保安员阻止车辆驶入,检查该区域,引导已疏散下来的人员离开停车场到指定地点集合。

⑤地上停车场保安员清理车道,迎接急救车辆的进入。

⑥保安部在疏散路线上设立哨岗为疏散人员指明方向,并劝导疏散人员有秩序地疏散。

⑦保安员要及时清除疏散路线上的路障,保持道路畅通无阻。

⑧总机值班员与当地交警联系,请其控制会展周边的交通。

4)疏散完毕

①保安部协助会展各部门清点人数,确保所有客户和员工安全撤离。

②危险解除后,保安部要协助有关部门调查事故发生原因。

9.1.6　暴力事件处理服务流程与规范

1)接到报告

①总机值班员接到报告时,问清报告人案发的时间、地点及简要情况,立即通知大堂副理、保安部经理、发生案件的部门经理、医务人员等有关人员立即赶到现场。

②保安员携带必要器材和电警具、对讲机、记录本等迅速到达现场。

③保安部根据事件的具体情况决定是否向公安部门报告。

2)现场处理

①保安部经理布置保护现场,划定警戒线,控制人员进入,维护现场秩序。

②保安员向当事人、报案人、知情者了解案情并做记录。

③如发现暴力事件在可控制范围内,进行劝解,并引导进入赔偿调解程序;如发现在不可控范围内,当事人正在行凶或准备逃跑,立即抓获并派专人看守,同时报告公安部门,待公安部门来人后交给公安人员处理。

④如有人质被绑架、扣押案件发生,应立即报公安部门,控制事态发展,采取必要措施。

a.要求遭劫部门人员或客户保持绝对的冷静,不要贸然行事,以免造成不必要的伤害。

b.稳住犯罪分子,先尽量满足和答应其要求,以便争取时间和人员进行处理。

c.控制案发现场,通知会展各出口保安员做好围追堵截工作。

d.公安人员到场后,协助公安人员制服犯罪分子。

⑤保安部协助医务人员抢救伤员,如需要,将其送往医院,并且酌情向伤员了解有关案件发生的情况并做好记录。

3) 善后工作

①保安员协助发生案件的部门清理现场,登记并保管客户遗留下的财物及行李物品。

②保安员将与此次事件有关的所有资料整理存档保管。

9.2 餐饮安全管理服务流程与规范

9.2.1 制定餐饮安全管理制度

①保安部经理根据会展实际情况,并参考其他会展餐饮安全管理制度,制定餐饮安全管理制度,报总经理审批。

②总经理审批通过后,餐饮保安员开始执行安全管理制度。

9.2.2 执行餐饮安全管理制度

①餐饮部营业前,餐饮保安员要检查餐饮部的各种消防设施,发现问题及时解决。

②餐饮保安员注意观察进入餐饮的可疑人员并进行询问,如无特殊情况,劝说可疑人员离开。

③对违反会展规定,在会展现场闹事、斗殴、影响其他用餐者,劝其冷静或将其带到保安部办公室处理。

④当餐饮部现场发生事故,如中毒、火警等情况时,餐饮保安员要沉着冷静,立即报告上级,并且有序地疏散客户。

⑤餐饮部营业期间,餐饮保安员检查防火通道是否安全畅通,若发现通道内堆放物品和垃圾,及时上报请示处理意见。

⑥检查餐饮部区域是否有客户丢弃的未熄灭烟头,消防设备是否能正常使用。

9.2.3　修订、存档

①餐饮保安员对餐饮安全管理制度提出意见和建议,餐饮保安领班将保安员的意见和建议汇总后反馈给保安部经理。

②保安部经理根据反馈意见修订餐饮安全管理制度,报总经理审批后存档。

9.3　消防工作流程与规范

9.3.1　消防监控工作服务流程与规范

1)制定制度与规范

①消防主管根据会展的实际情况制定消防监控中心工作制度与规范,报保安部经理、总经理审批。

②保安部经理、总经理审批通过后,监控员遵照执行消防监控中心工作制度与规范。

2)执行制度与规范

①监控员要密切关注治安、消防监控,按规定及时更换电视监控录像带。

②发现可疑的人和事,及时用电视监控进行跟踪,并且迅速通知附近的保安员赶到现场进行询问。

③若发现的可疑人员是外宾,监控员应及时通知大堂副理和值班经理协助调查,做好录像和文字记录。

④接到火灾自动报警系统报警,立即通知附近的保安员赶到现场查明

情况。

⑤若是误报,清除报警信号;若确实发生火情,应立即按火灾应急预案程序处理。

⑥如有重大外事或重要活动时,监控员应摄好录像,以备查询。

3)消防监控中心工作记录

①监控员保管好录像资料和各项工作记录。
②对于录像资料的查询,监控员应严格执行会展相关规定。

9.3.2　消防器材检查服务流程与规范

1)制定检查规范与标准

①消防主管负责制定会展消防器材检查规范与标准,报保安部经理、总经理审批。
②保安部经理、总经理审批通过后,消防主管组织消防专员学习和执行会展消防器材检查规范与标准。

2)执行检查规范与标准

(1)灭火器的检查
①消防专员检查是否各楼层都放置灭火器,且放在指定位置。
②检查灭火器的周围有无放置障碍物影响其使用。
③检查灭火器有无变形或损伤。
④检查灭火器标志的位置是否正确。
⑤检查蓄压式的灭火器,其压力有无下降。
⑥检查水雾、泡沫、二氧化碳、干粉灭火器的灭火剂量是否充足。

(2)室内(外)消防栓的检查
①消防专员检查室内(外)消防栓的周围有无放置障碍物影响其使用。
②检查水泵周围是否整理干净。
③检查控制盘的电源是否被切断。
④检查水带、瞄子有无破损或被撤除。
⑤检查消防栓箱的门开启是否困难,操作有无障碍。

（3）自动洒水设备的检查

①消防专员检查自动洒水设备的控制电源是否断线。

②检查水泵周围是否整理清扫。

③检查控制阀是否被关闭。

④检查洒水头是否变形，操作有无障碍。

⑤检查送水口是否变形，操作有无障碍。

⑥检查探测头及洒水头周围有无障碍。

3）修订、归档

①在执行消防器材检查标准和规范的过程中，消防主管请消防专员指出检查标准和规范中不合理或不适用的地方。

②消防主管根据消防专员的反馈意见对消防器材检查标准和规范进行修订，报保安部经理、总经理审批通过后存档保管。

9.3.3 施工现场检查服务流程与规范

1）制定施工现场检查制度

①消防主管制定会展施工现场检查制度，明确施工现场检查的标准，报保安部经理、总经理审批。

②保安部经理、总经理审批通过后，消防主管组织消防员学习并执行会展施工现场检查制度。

2）执行施工现场检查制度

①消防员应检查施工单位的动火手续是否齐全。

②检查施工人员的身份证明（外省市的施工人员应持有公安部门核发的暂住人口证明及本人身份证，当地的施工人员应持有本人身份证）。

③检查电工、焊工及化学危险物品管理人员等特殊工种人员是否持有特殊工种操作证。

④检查施工单位的安全员是否在岗。

⑤施工所用的建筑装修材料是否有严格的保管制度，尤其是价值较高的物品，是否有专人管理，领用手续是否清楚。

⑥检查施工单位是否超负荷用电，是否乱拉乱接电线以及各种电器设备能

否正常工作。

⑦检查安全疏散通道是否畅通,防止因堆放各种建筑、装修材料而堵塞,影响安全。

⑧每天施工结束后,检查施工现场是否有用剩的危险品、易燃品;临时堆放垃圾的地方是否远离火种。

3)问题整改

①消防专员将发现的问题及时通知施工单位负责人,责令其整改并规定整改期限。

②整改结束,消防专员要复查问题整改情况,如还有问题,请其继续整改,直到消除问题为止。

9.3.4 火警报警处理服务流程与规范

1)接到火警

①监控员接到报警后,问清报告人的姓名、部门、起火地点和火势等情况,迅速通知附近的保安员到现场检查。

②如属误报,监控员立即解除火警信号;如确认起火,消防主管带领消防专员携带消防器材立刻赶赴现场,根据火情决定是否报告给消防部门。

③监控员通知医务人员、保安部经理、出事地点负责人、大堂副理等有关人员赶赴现场。

2)现场处理

(1)火势较小

①保安员及时疏散着火区域及附近区域的会展客户、员工和行李物品。

②如有伤员,医务人员要及时救护,情况严重者,需立即将其送往医院。

③消防员进入着火房间,使用水枪灭火时,应先窗后内,先上后下,从窗户上方房子顶部之字形摆动喷射,向后移动到角落处,把房顶和开口部位的火势扑灭后,再射向起火部位。

④在灭火期间,若发现房间内有处于或可能受火势威胁的易燃易爆物品,应迅速清理出去。

⑤消防主管还要派人到着火房间的相邻房间和上下层的房间,查明是否有

火势蔓延的可能,如有,及时扑灭蔓延过来的火焰。

(2)火势较大

①若火势较大,保安部要立刻向消防部门报警并向会展值班经理和总经理汇报情况。

②总经理立刻成立救火指挥部并下达紧急疏散命令。

③保安部根据指挥部的指示成立现场指挥组,由消防主管负责指挥。

④客户根据现场指挥组的安排离开会展(见"6.3.10 紧急疏散服务流程与规范")。

⑤消防主管指挥消防员和就近员工灭火、救人、抢救物资。

⑥消防组准备好手推消防器材车和现场必需的大容量灭火器、防烟防毒面具等工具。

⑦消防主管指派保安员在着火层执行警戒任务,防止有人趁火打劫,捣乱破坏。

⑧消防监控中心严密注视无人警戒的楼面及出入口,及时处理火势蔓延情况和制止违法犯罪分子进行打劫和破坏行为。

⑨停车场保安员清除车道上的路障,指导疏散会展周围的无关车辆,为专业消防队到场展开灭火行动维持好秩序。

⑩专业消防队到场后,消防主管交出指挥权并主动介绍火灾情况,根据其要求协助其做好疏散和扑救工作。

3)事后处理

①火灾扑灭后,保安部负责调查起火原因,追究有关人员的责任。
②保安部经理写出详细的火灾事故报告向总经理汇报并存档。

9.4 外保组工作流程与规范

9.4.1 日常巡逻工作服务流程与规范

1)制订工作计划与规范

①外保主管结合会展实际情况制订日常巡逻工作计划与规范,报保安部经理、总经理审批。

②保安部经理、总经理审批通过后,外保主管组织外保组保安员学习和执行日常巡逻工作计划与规范。

2)执行工作计划与规范

①外保组保安员按间隔时间和路线进行巡视,巡逻要到位,巡逻过程中遇到客户要主动问好。

②发现可疑的人注意观察、查询和报告,必要时带至保安部办公室。

③仔细检查巡逻区域的消防器材和设备能否正常使用。

④遇到打架斗殴、火灾等突发事件要按照会展相关规定进行处理。

⑤夜间巡逻要留意是否有故意破坏行为,如有,要立即向主管汇报并采取措施。

3)做好工作记录

①外保组保安员详细记录当班期间的工作情况。

②下班时向接班人员交代须注意事项和需要完成的工作检查,并做好交接记录。

9.4.2 停车场安全管理服务流程与规范

1)制定安全管理制度

①停车场保安员上岗前进行自我检查,做到仪容仪表端庄、整洁。

②与交岗人员进行车场交接工作并仔细阅读交岗人员的工作记录。

2)执行安全管理制度

①停车场保安员为进入停车场的车辆指明停放地点,验明车况是否完好,如反光镜、车灯等明显部位,做好详细记录并请车主签字确认。

②客户停车离开时,礼貌提醒客户带走车内贵重物品并锁好门窗。

③对车辆安全进行仔细检查,发现问题及时上报,如发现车辆车门、车窗未关好者,应立即通知主管,报客房中心检查后,按规定处理。

④对开出车场的车辆要做好验证工作,证件齐全、无误才可放行,如验证发现手续不齐和可疑情况,要立即进行查询、拦阻并及时报告领班。

⑤对夜间进出车辆要认真查看其车门、车窗有无被撬痕迹,如有疑问,核查清楚,详细记录核查内容和夜间进出车辆牌号和时间。

⑥维护好整个车场的秩序,有大片纸屑、废品及时清理,保持各通道畅通。

3)修订日常管理服务标准

①在执行停车场安全管理制度的过程中,外保主管请停车场保安员就制度的正确性和合理性提出意见和建议。

②外保主管将保安员的意见汇总,修订停车场安全管理服务标准,报保安部经理、总经理审批后将其存档。

9.4.3　停车场安全管理服务流程与规范

1)制定安全管理制度

①停车场保安员上岗前进行自我检查,做到仪容仪表端庄、整洁。

②与交岗人员进行车场交接工作并仔细阅读交岗人员的工作记录。

2)执行安全管理制度

①停车场保安员为进入停车场的车辆指明停放地点,验明车况是否完好,如反光镜、车灯等明显部位,做好详细记录并请车主签字确认。

②客户停车离开时,礼貌提醒客户带走车内贵重物品并锁好门窗。

③对车辆安全进行仔细检查,发现问题及时上报,如发现车辆车门、车窗未关好者,应立即通知主管,报客房中心检查后,按规定处理。

④对开出车场的车辆要做好验证工作,证件齐全、无误才可放行,如验证发现手续不齐和可疑情况,要立即进行查询、拦阻并及时报告领班。

⑤对夜间进出车辆要认真查看其车门、车窗有无被撬痕迹,如有疑问,核查清楚,详细记录核查内容和夜间进出车辆牌号和时间。

⑥维护好整个车场的秩序,有大片纸屑、废品及时清理,保持各通道畅通。

3)修订日常管理服务标准

①在执行停车场安全管理制度的过程中,外保主管请停车场保安员就制度的正确性和合理性提出意见和建议。

②外保主管将保安员的意见汇总,修订停车场安全管理服务标准,报保安部经理、总经理审批后将其存档。

测　评

【真实任务】

这几天,温州市区会展中心的国际车展每天吸引数万人前去观展。香车美女让一些市民流连忘返,却也让他们遭遇"意外"的烦恼——车子被拖了。温州市交警二大队三中队粗略统计,三天共有50多辆严重影响通行的车辆被拖离。

4月9日下午3点,会展中心附近道路停满了车子,有些路口甚至停成了三排,致使其他车辆通行非常缓慢。路面上,不少交警和协警在疏导交通,指挥停车。几辆道路清障车也在忙碌,将一些停在路口的车子拖走。一名女协警抱怨说:"我事先告诉过他们,车子停在路中间会被拖走,但车主态度很凶地说,拖车就拖车!"

这已经不是第一次,每每市区举办大型活动,就会遭遇交通乱局,不是交通堵塞,就是车辆乱停放。这在某种程度上反映出活动的成功,却也不能不说是一种尴尬。

同时,市民董大爷在会展中心场外花了600元购买了一台所谓台湾"万通"牌足部按摩器,使用不到两个月,机器就坏了。董大爷随即按照保修卡、名片上留下的三个手机号码分别与售后方联系,发现一个空号、一个关机、一个暂停使用。12315的工作人员仔细查看保修卡后发现,按摩器标称地址为"长沙市苏宁(国美)电器商厂",仅从这一地址便知有诈。接到申诉后,工作人员调查取证,查证该按摩器是"会展流子"——无证摊贩处售卖,系三无产品。

【任务要求】

角色扮演:如果你是董大爷、展会主办方、保安,怎么去解决该问题?

参考文献

[1] 王宏.酒店服务精细化管理全案[M].北京:人民邮电出版社,2009.

[2] 唐少清.奥运会与北京会展业[M].北京:经济科学出版社,2008.

[3] 曼弗雷德·基希盖奥格,维尔纳·M.多恩夏特,威廉·基泽,诺伯特·斯多克.博览管理—博览会议和活动的策划执行与控制[M].刁晓瀛,译.上海:上海财大出版社,2008.

[4] 塔格特·E.史密斯.会议管理[M].王文伟,译.北京:中国劳动出版社,2006.

[5] 滕宝红.会议管理实操细节[M].广州:广东经济出版社,2006.

[6] 赵烈强.会议管理实务[M].长沙:湖南人民出版社,2005.

[7] 靖鸣.会议新闻学[M].北京:北京广播学院出版社,2007.

[8] 刘有千.会议营销与服务[M].北京:中国劳动出版社,2007.

[9] 廖雄军.会议组织规范与技巧[M].南宁:广西人民出版社,2007.

[10] 葛红岩,施剑南.会议组织与服务—知识技能案例实训[M].上海:上海财经大学出版社,2007.

[11] 刘智勇.会议组织与管理[M].成都:西南交大出版社,2008.

[12] 郑建瑜.会展场馆管理[M].北京:旅游教育出版社,2007.

[13] 张以琼.会展场馆管理与服务[M].广州:广东经济出版社,2006.

[14] 马克斌.会展典型案例精析[M].重庆:重庆大学出版社,2007.

[15] 程淑丽,赵贵廷.会展公司规范化管理操作范本[M].北京:人民邮电出版社,2007.

[16] 陈家栋.会展接待实务[M].北京:旅游教育出版社,2010.

[17] 喻培.会展礼仪[M].北京:旅游教育出版社,2010.

[18] 杨海清.会展礼仪实务[M].北京:对外经贸大学出版社,2010.

[19] 周岩,张达球,陈宜平.会展礼仪与文化[M].北京:化学工业出版社,2010.

[20] 胡平.会展旅游概论[M].上海:立信会计出版社,2010.

[21] 傅广海.会展商务沟通[M].北京:中国劳动出版社,2010.

[22] 伊恩·约曼,等.节庆活动的组织管理与营销[M].吴恒,等,译.汕头:辽宁科技出版社,2010.

[23] 帕特里克·弗塞斯.开好会议[M].王石泉,译.上海:上海人民出版社,2010.

[24] 杨念.企业会展活动管理实务问答[M].北京:中国海关出版社,2010.

[25] 安妮·劳斯.商务会议技巧[M].北京:人民邮电出版社,2010.

[26] 苏珊·弗里德曼.商务会议巧安排[M].史青玲,译.北京:机械工业出版社,2010.

[27] 王敏杰.商务会议与活动管理实务[M].上海:上海交大出版社,2010.

[28] 唐少清.现代会展操作实务与案例[M].北京:北京交通大学出版社,2010.

[29] 张涛.会展服务满意度测评研究——以澳门国际贸易投资展览会为例[J].旅游论坛,2011(1).

[30] 杨海英.会展服务营销浅谈[J].经营管理者,2010(1).

[31] 童琦.会展服务供应链的特性及其模式构建研究[J].企业家天地,2009(10).

[32] 选择国际商旅会展服务公司五大要诀[J].中国商贸,2009(12).

[33] 孙虹飞.基于体验经济的会展服务策略研究[J].商场现代化,2009(7).

[34] 张文建.商务会展服务外包:实现旅游产业发展方式的转变[J].社会科学,2008(7).

[35] 张文建.商务会展服务外包是我国旅游产业发展的新领域[J].旅游学刊,2007(12).

[36] 高志刚.公共图书馆会展服务探索[J].绍兴文理学院学报:哲学社会科版,2007(2).

[37] 石志明.如何提高会展服务质量[J].中国会展,2003(18).

[38] 龚荷英.会展观众参展动机研究[J].当代经济,2007(1).

[39] 龚荷英.展会现场影响观众观展行为的因素探析[J].科技资讯,2007(19).

[40] 童绍茂.会展业服务伦理建设[J].经营与管理,2007(1).

[41] 应丽君.运用心理知觉做好展会市场营销[J].世界机电经贸信息,2004(9).

[42] 薛璟,顾庆良.双因素理论下展会代理商服务竞争力的构建[J].中国市场,2010(4).

[43] 田欣.浅析会展知识产权保护问题[J].集体经济,2010(6).

[44] 许传宏.展会知识产权问题探析[J].对外经济贸易大学学报,2006(5).

[45] 曾晓英.论会展业的知识产权保护[J].法制与经济,2005(7).

[46] 孙喜田.如何理解与面对知识产权保护问题[J].建设机械技术与管理,2007(8).